THE WOLSELEY SHOWROOMS IN PICCADILLY LONDON W.

FRÜHSTÜCK
IM
WOLSELEY

A. A. GILL

Fotos von David Loftus

🌾 GERSTENBERG

INHALT

160 Piccadilly

Wenn Besucher durch die Pforten des »Wolseley« treten, sind sie meist überrascht, wenn sie erfahren, dass das im Stil des *Fin-de-Siècle* errichtete Restaurant aus dem 21. Jahrhundert stammt. 2003 eröffneten Chris Corbin und Jeremy King in dem in den 1920er-Jahren errichteten Gebäude ein elegantes Café, das ganz im Zeichen der kontinental-europäischen Kaffeehaustradition steht. *Grand Cafés* kannten die Londoner bis zu diesem Zeitpunkt allenfalls aus Paris, München, Wien oder Budapest. Noch erstaunlicher ist es, dass das historische Gebäude – ein Werk des Architekten William Curtis Green – ursprünglich als Schauraum für Autos in Auftrag gegeben wurde.

Seine gewaltigen Ausmaße verdankt das Bauwerk der Wolseley Car Company. Gründer des Unternehmens war Frederick York Wolseley. Der aus Irland stammende Firmengründer war in den 1850er-Jahren nach Australien ausgewandert, arbeitete dort als Schaf-Farmer und gründete die erfolgreiche Wolseley Sheep Shearing Company. Die innovativen Maschinen des Unternehmens waren Grundlage dafür, dass Wolseleys Nachfolger Herbert Austin 1896 schließlich das erste Wolseley-Automobil produzierte, nachdem das Unternehmen seinen Betrieb zurück nach London verlegt hatte. Die ersten Wagen gingen 1901 in Produktion. Nach dem Ersten Weltkrieg konnte man mit den zuvor zum Bau von Kampfflugzeugen eingesetzten Fertigungskapazitäten die steigende Nachfrage nach neuen Kraftfahrzeugen befriedigen. 1920 beauftragte die Wolseley Car Company Curtis Green damit, im Londoner West End gleich neben dem Hotel Ritz einen

neuen Ausstellungsraum zu errichten. Das 250.000 Pfund teure Wolseley House wurde 1921 fertiggestellt. Zur gleichen Zeit stellte das Unternehmen mit seinen Rennwagen auf der Brooklands-Rennstrecke einen Geschwindigkeitsrekord nach dem anderen auf.

Curtis Green hatte bis zu diesem Auftrag als Architekt eher nüchterne Bauten in den weitläufigen Londoner Vororten entworfen. Hier war es ihm nun

Wolseley House, ein von W. Curtis Green bei der Royal Academy eingereichtes Aquarell, *1919*

möglich, architektonisch aus dem Vollen zu schöpfen. Seine größte Inspirationsquelle war Brunelleschis Kirche Santo Spirito in Florenz mit ihren geometrischen Marmorböden, die ihrerseits Kirchen in Pisa und dem Markusdom in Venedig nachempfunden waren. Diese italienischen Einflüsse wurden durch im byzantinischen Stil gestaltete Leuchtkörper, barock anmutende Schmiedearbeiten, dorische Säulen innen und korinthische Säulen an der Fassade, dazu durch ein Mansardendach im französischen Stil ergänzt. Daneben sorgten kunstvolle japanisch inspirierte lackierte Trennwände und Dekorationen für orientalische Exotik, die in den 1920-Jahren in Mayfair so groß in Mode war. Damals war zu lesen: »Dieses Gebäude scheint ein Gegenentwurf zur Philosophie des ›Weniger-ist-mehr‹ zu sein«, und in der Tat bildet es einen Kontrast zum bescheideneren Entwurf desselben Architekten für das Gebäude der National Westminster Bank von 1927, gleich gegenüber in Piccadilly Hausnummer 63.

Für seinen Entwurf erhielt Curtis Green 1923 vom Royal Institute of British Architects eine Medaille verliehen. Die erhofften Verkaufszahlen konnte das Unternehmen leider dennoch nicht erreichen, sodass es das Gebäude im Jahr 1926, am Rande des Bankrotts, an die Barclays Bank verkaufen musste. Die Bank beauftragte Curtis Green damit, die nötigen Umbaumaßnahmen zu leiten. An beiden Seiten des Haupteingangs fügte Green Direktorenbüros an (die heute als Bar und Teesalon dienen), doch statt der damals üblichen traditionellen Innenausstattung einer Bank aus grünem

Festzug anlässlich der Hochzeit Ihrer Königlichen Majestät, der Prinzessin von York, passiert das Wolseley House, *28. Februar 1922*

Leder und Mahagoni-Vertäfelungen orientierte er sich am fernöstlichen Thema. Die Räume wurden mit mehr Gold und schwarzem Japan-Lack ausgestaltet. Selbst Möbel und andere Einrichtungsgegenstände wurden in diesem Stil gestaltet, darunter der Bankschalter und der Briefkasten, die bis heute erhalten sind.

Nach dem Umbau konnte sich die Bank rühmen, das eleganteste und außergewöhnlichste Bankgebäude weltweit zu besitzen, doch 1998 musste auch sie aus dem Gebäude ausziehen. Als Chris Corbin und Jeremy King das Gebäude erwarben, beauftragten sie den Architekten David Collins mit der Umgestaltung zu einem Café und Restaurant. Mit großem Fingerspitzengefühl im Umgang mit dem vorhandenen Interieur erschuf er ein zeitloses Flair, mit dem sich »The Wolseley« unter den Londonern ebenso wie bei Besuchern der englischen Metropole schließlich Kultstatus erwarb.

Historische Ansicht des Innenraums, *um 1921*

F rühstück ist alles. Es gehört zu den ersten Dingen, die wir morgens tun und womit wir den Tag beginnen. Unsere Mahlzeiten sind den Veränderungen der Zeit, des Wetters und der Geografie unterworfen. Das Frühstück bleibt jedoch stets eine Konstante und ein überall auf der Welt gleichbleibender Fixpunkt.

Frühstück – ob schlicht oder aufwendig, ob in Eile oder mit Genuss gegessen – ist ein Element globaler Gemeinsamkeit. So setzt sich in diesem Moment gerade irgendjemand auf der Welt an den Frühstückstisch, trinkt seinen Kaffee, während er die Briefe mit den Rechnungen öffnet und die Marmelade des Frühstücksbrötchens aufs Papier tropft. Manch einer genießt während des Frühstücks die Morgendämmerung der Wüste oder beobachtet, wie sich der Nebel im Blätterdach des Urwalds lichtet. Ein anderer wiederum massiert sich vielleicht gerade mit trüben Augen die eingeschlafenen Beine, während die Stewardess ihn fragt, welche Frühstücksvariante er wünscht. Wo immer und wann immer gefrühstückt wird, gibt es einem die Sicherheit eines kleinen Stückchens stoischen Optimismus'.

Frühstück ist eine ganz besondere Mahlzeit. Es entzieht sich der festen Abfolge anderer Mahlzeiten, die wir einnehmen. Obwohl es an eine Tageszeit gebunden ist, handelt es sich dabei um eine Art Urform des Essens, eine konzeptionelle Mahlzeit. Weder wird es von einzelnen Gängen noch von einer festgelegten Reihenfolge bestimmt, es ist nicht von Haus aus süß oder pikant und es gibt keine allgemeingültige Auffassung darüber, wie lange es dauern oder welche Bestandteile es beinhalten soll. Ein Frühstück lässt sich je nach persönlichem Geschmack individuell anpassen – es ist eine ganz private Mahlzeit bzw. Essgewohnheit. Aufgrund dieses persönlichen Charakters ist das Frühstück auch die einzige Mahlzeit, die viele von uns gern auch allein einnehmen, und die einzige, die wir am wenigsten gern mit Fremden zu uns nehmen.

Eines der Dinge, die uns Menschen ausmachen, ist unsere Neugier, unsere Experimentierfreude, unser Wunsch nach Veränderung und Neuerungen.

Im Gegensatz zu uns sind alle anderen Lebewesen in erster Linie auf der Suche nach einer zuverlässigen und kontinuierlichen Nahrungsquelle und halten, sobald sie eine solche gefunden haben, daran fest. Ein Hund etwa frisst problemlos an jedem Tag seines Lebens mit gleichbleibendem Appetit Dosenfutter – ohne kulinarisches Interesse oder lukullischen Genuss. Ob sie ein Stück Käse oder Schokolade fressen, macht für Hunde keinen großen Unterschied – beides ist für sie einfach nur Futter. Menschen jedoch

nehmen beträchtliche Mühen in Kauf für eine außergewöhnliche und abwechslungsreiche Ernährung: Menschen riskieren es, beim Ausräuchern wilder Bienenstöcke an Tausenden von Stichen zu sterben, nur um an Bienenhonig zu kommen. Auf der Suche nach Muskatnüssen und Gewürznelken segeln sie auf einem Schiff, das kleiner ist als eine Doppelhaushälfte, ins Unbekannte. Die Sehnsucht nach Abwechslung und die schiere Abscheu gegen das Eintönige gehören zu den wichtigsten Triebfedern unserer Zivilisation. Wir sträuben uns regelrecht dagegen, zweimal hintereinander dasselbe zu essen – außer beim Frühstück.

Das Frühstück ist die einzige Ausnahme, es ist die einzige Mahlzeit, bei der wir die Verlässlichkeit und die Beständigkeit des Vorhersehbaren schätzen – bei der wir quasi zu Hunden werden. Unser gesamtes Erwachsenenleben hindurch nehmen wir das gleiche Müsli, die gleiche Scheibe Toast und die gleiche Tasse Tee zu uns. Die Wahl unseres bevorzugten Frühstücks ist eine der vielen kleinen Entscheidungen, die uns als Erwachsenen ausmachen. Das Frühstück ist diejenige Mahlzeit, bei der unsere Ernährung der unserer prälandwirtschaflichen Vorfahren der Jäger-und-Sammler-Kulturen am nächsten kommt. Es ist wohl die Mahlzeit, bei der – einmal abgesehen von Food-Trends wie Mikrowellen-Porridge, Instant-Cappuccino, Frühstücksriegeln und Low-Fat-Smoothies – die Art und Weise sowie die Notwendigkeit des Essens unsere gesamte Menschheitsgeschichte hindurch gleich geblieben ist. Frühstücksgewohnheiten werden, ohne darüber nachzudenken, von Generation zu Generation, quasi von der Hand in den Mund weitergegeben.

Piccadilly ist eisig kalt und dunkel. So spät in der Nacht herrscht noch kaum Verkehr. Nur hie und da sieht man Taxis auf der Suche nach Fahrgästen – Geschäftsleuten, die weit entfernt von zu Hause suchend durch die Stadt streifen. Und dann sind da noch die mysteriösen Radfahrer, die gebeugt mit nach unten geneigten Köpfen um ihr Leben zu strampeln scheinen.

Durch die Fenster des »Wolseley« dringt blassgelbes Licht nach draußen – ein altehrwürdiges Gebäude, erbaut, um den Betrachter zu beeindrucken, ist es heute ein Restaurant, in dem alle Mahlzeiten serviert werden, die zu einem wohlgeordneten Leben gehören: Mittagessen, Tee, Abendessen und natürlich Frühstück. Kaum haben die letzten Abendgäste mit einem schnellen Blick auf ihre Armbanduhren bemerkt »Gott, ich wusste nicht, dass es schon so spät ist!«, und die Kellner ihnen lächelnd ihre Mäntel gereicht, muss der Saal schon wieder für die nächste Mahlzeit vorbereitet werden. Die Küche im Untergeschoss wird praktisch nie kalt: Kochfelder, Backöfen und die zischenden Salamander ruhen nur kurz in der von ihnen abgestrahlten Restwärme. Die bronzenen Türen zur Straße werden für eine oder zwei Stunden geschlossen. Im Speiseraum sind jedoch schon wieder die Putzkräfte zugange. Gut gelaunt mit hellblauen Gummihandschuhen schwingen sie ihre schillernd bunten Federstaubwedel wie ein Zepter. Saubermachen ist eine harte und eintönige Plackerei. Um ihr noch etwas Lustiges abgewinnen zu können, muss man schon von Natur aus einen gewissen Sinn für Humor haben. Als würde er eine komische Oper dirigieren »ficht« einer von ihnen mit dem Staub auf den glatten Oberflächen. Seine drei Kollegen bewegen sich unterdessen mit Eimern und Schrubbern bewaffnet durch den Raum, dazu ein Kasten mit Putz- und Desinfektionsmitteln, Tüchern und Schwämmen – die »Make-up-Box« eines gepflegten Speisesaals.

FEINGEBÄCK

Als Erster betritt morgens der *Tourier* die Küche. In Profiküchen gibt es nur noch wenige Vertreter seines Standes und so ist seine Profession fast schon als archaisch zu bezeichnen. Der *Tourier* ist der Konditor für Blätter- und Hefeteiggebäck. Die Bezeichnung leitet sich vom »Tourieren« ab, dem schichtweisen Einarbeiten von Zutaten in einen Teig. Streng genommen, ist er weder Bäcker noch Patissier oder Konditor – er ist eben ein *Tourier*. Der *Tourier* des »Wolseleys« ist ein Mann, der in seinem Handwerk voll und ganz aufgeht – besser gesagt: Er ist davon geradezu besessen.

Zuerst werden die Croissants gemacht, die am weitesten verbreiteten und typischsten Frühstücksteilchen. Sie können nahezu sicher sein, in jedem internationalen Hotel und großstädtischen Café mit kosmopolitischem Anspruch überall auf der Welt ein Croissant zu bekommen. Mir persönlich wurden schon in allen nur erdenklichen Ecken der Welt – von Ho-Chi-Minh-Stadt bis N'Djamena – Croissants angeboten. Im Grunde handelt es sich dabei um ein äußerst elegantes Gebäck, inzwischen ist es jedoch leider durch endlose Wiederholung allzu oft zu einem schlappen Fast-Food-Happen verkommen. Mit kaum einem Gebäck wird so viel Missbrauch getrieben wie mit dem Croissant. Oftmals ist es schlaff und geschmacklos, wird mit Rührei und Speck, Schweizer Käse und labbrigem Schinken gefüllt oder die Butter wird durch Pflanzenöl ersetzt. Heutzutage ist das Croissant oft ein missgestaltetes, vernachlässigtes Opfer einer international vorherrschenden Bequemlichkeit. Wann immer man auf ein gut gemachtes traditionelles Croissant stößt, ist dies eine angenehme Überraschung. Statt der bumerangförmigen, durchweichten Gebilde, die man vom Frühstückstablett auf einem Economy-Flug kennt, handelt es sich hierbei um ein »architektonisch« gewagtes Gebilde aus scheinbar frei schwebenden Schichten, die durch schier unmögliche physikalische Kräfte zusammengehalten werden. Außen eine spröde, köstliche Haut wie eine sonnengebräunte Eierschale und innen überraschend fest und zäh … Diese Kombination macht den besonderen Reiz eines guten Croissants aus. Der Schlüssel zu diesem Geheimnis liegt in der Verwendung der Butter: In der Hitze des Ofens dehnt sich die Luft aus, hebt die gefalteten Schichten aus gebuttertem Teig an, bläht sie auf und bringt das Croissant in seine perfekte, hügelig-gewölbte Form. Der *Tourier* lehnt sich über den Teig, faltet und formt ihn mit geübter Hand. Kunstvoll arrangiert er die blassen, unfertigen Croissants auf dem Backblech und schiebt sie darauf in den dampfend heißen Ofen.

Einen Teil seiner Beliebtheit verdankt das Croissant dem Pariser *Savoir-faire*. Denn überall auf der Welt wird es als etwas typisch Französisches angesehen. In England und Amerika ist es fester Bestandteil des allgegenwärtigen *Continental Breakfast*. Die Bezeichnung *Continental* soll dabei den Gast mit einem gewissen *Je-ne-sais-quoi* besänftigen und ihn über die oftmals grauenvolle Kargheit des Frühstücks hinwegtrösten. Das meist im Preis inbegriffene »kontinentale Frühstück« ist vermutlich der am wenigsten gastfreundliche Service in der gesamten Gastronomie. Die Verwendung des Ausdrucks »kontinental«, um die mangelnde Qualität dieses Frühstücks zu verschleiern, ist in etwa so, als würde man ein hässliches, übellauniges Mädchen damit anpreisen, dass seinem Vater ein Pub gehört – allein der Zusatz sorgt für ein wenig mehr Glanz. Für Engländer und Amerikaner beginnt der »Kontinent« in Paris – und somit ist das Croissant quasi der »Cancan unter den Backwaren«. In Wahrheit jedoch ist es gar kein Franzose!

Will man an die Ursprünge bestimmter Gerichte und Zutaten vorstoßen, trifft man dabei unweigerlich auf Mythen und Legenden. Unseres Wissens ist das Croissant jedoch genauso wenig französisch wie der Walzer: Es stammt aus Österreich und gehört zu denjenigen Backwaren, die die Franzosen als *Viennoiserie* – Gebäck aus Wien – bezeichnen. Das erste Croissant entstand 1683. Diese Jahreszahl sollte eine der wichtigsten für Europa werden – nicht wegen des Frühstücks, sondern wegen des Endes der Belagerung Wiens. Nach 300 Jahren ununterbrochener Konflikte markierte es das Ende der türkisch-muslimischen Expansion nach Westen. Wien nahm hierbei eine Schlüsselposition an der Donau ein: Mit der Einnahme der Stadt hätten die Türken Zugang zu ganz Mitteleuropa erlangt.

Der Sieg vor den Toren Wiens war der Beginn der europäischen Vormachtstellung in der Welt. Rückblickend lässt sich dieser gemeinsame Kampf als das erste europäische Bündnis bezeichnen. Der vorausgehende Konflikt wird heute oft mit religiösen Begrifflichkeiten erklärt. Doch ganz so einfach verhielt es sich nicht: So nutzten etwa die katholischen Franzosen die Belagerung als Vorwand, um den Süden Deutschlands zu plündern, Straßburg zu annektieren und das Elsass für sich zu beanspruchen. Und die stärksten Verbündeten der muslimischen Türken waren die christlich-protestantischen Ungarn, die sich gegen die Expansion der gegenreformatorischen Habsburger in Wien auflehnten. Doch zurück zum Thema: Um des Sieges über die Türken vor Wien zu gedenken, erfand ein Wiener Bäcker ein Gebäckstück in Form des türkischen Halbmonds. Einige französische Quellen vermuten, die österreichische Erzherzogin Marie-Antoinette habe es dann nach Paris gebracht, nachdem sie aus Staatsräson mit dem französischen Thronerben Louis-August verheiratet wurde. Sie führte einen so ausschweifenden Lebensstil, dass sich die Franzosen schnell ihrer entledigten. Doch ihr Frühstücks-Croissant behielten sie.

Die Belagerung Wiens hat die Frühstückstische von heute wohl mehr bereichert als jedes andere historische Ereignis. So sollen die fliehenden

Türken nach ihrer Niederlage vor Wien ihren Proviant zurückgelassen haben, unter dem sich auch viele Säcke mit Kaffee befanden. Ein Teil dieser Kriegsbeute soll an den Kaufmann Georg Franz Kolschitzky gefallen sein, der daraufhin das erste Wiener Kaffeehaus gegründet haben soll. Tatsächlich wurde das erste Wiener Kaffeehaus jedoch vom Armenier Johannes Deodat eröffnet. Als erstes Kaffeehaus Europas gilt hingegen das Café Florian auf dem Markusplatz in Venedig. Auch heute noch genießt man hier seinen Kaffee in einer einzigartigen Atmosphäre. Die Wiener Cafés servierten zunächst eine Art starken arabischen Mokka, bis ihm – so will es ebenfalls die Legende – der Mönch Marco d'Aviano, Berater des Habsburger Kaisers, durch die Zugabe von Milch und Honig etwas von

seiner Bitterkeit nahm. Da er ein Kapuziner war und die Farbe der von ihm erfundenen Kaffeevariante der Farbe seiner Kutte ähnelte, wurde das Getränk Cappuccino (»Kapuziner«) genannt. Im Zuge der österreichischen Besatzung gelangte der Cappuccino später nach Italien.

Da haben wir also das europäische »Yin und Yang des Frühstücks«: Eine Hälfte kommt aus Frankreich, die andere aus Italien, beide aber stammen aus Wien. Cappuccino und Croissant sind die kulinarische Manifestation unserer politischen und geografischen Union. Und so gibt es jeden Morgen einen kleinen Happen Geschichte.

Zum Cappuccino haben die Italiener ein etwas merkwürdiges Verhältnis. Generell sind sie eher konservative Genießer und werfen selten einen Blick über den kulinarischen Tellerrand. Besonders stark ausgeprägt sind ihre Vorbehalte gegenüber Milch, die sie für schwer verdaulich halten. Um dem Körper eine entsprechende Erholungsfrist zu gönnen, wird Cappuccino in Italien nie nach 11 Uhr vormittags getrunken. Also bestellen Sie nie, NIEMALS einen Cappuccino nach dem Essen!

Zum Cappuccino bzw. Kaffee und den Croissants gesellt sich noch ein weiteres beliebtes Frühstücksgericht, das auf den Sieg vor Wien zurückgehen soll: Es heißt, der Bagel sei im Gedenken an Jan III. Sobieski – den König von Polen, dessen Eingreifen die Stadt rettete – erfunden worden. Die Form eines Steigbügels trage das Gebäck zu Ehren der polnischen schweren Kavallerie, die die türkische Front durchbrach.

Als wäre dies nicht schon genug, sollen im Zuge der Belagerung Wiens auch die Instrumente der fliehenden türkischen Militärmusiker – darunter Zimbeln, Triangeln und Basstrommeln – in den Westen gelangt sein. Doch die Türken haben nicht nur Kultur und Kulinarik des restlichen Europas bereichert, sondern sie verfügen auch ihrerseits über beachtenswerte Frühstücksgewohnheiten. So isst man etwa in Istanbul *Simit* – mit Sesam bestreute Brotkringel, die Brezeln ähneln und an Straßenständen verkauft werden. Dazu gibt es frischen Schafskäse. Ihre vielseitige Küche haben die Türken im Lauf der Geschichte aus allen Ecken ihres expandierenden Reiches zusammengetragen. Angefangen bei Lamm-Pilaw aus der zentralasiatischen Steppe ging es weiter gen Westen, wo armenische, griechische, levantinische und nordafrikanische Gerichte adaptiert wurden. Wenn Sie griechisch essen gehen, kann es also gut sein, dass Ihr Gericht türkischen Ursprungs ist.

Zurück zum *Tourier*, der in den frühen Morgenstunden im »Wolseley« arbeitet: Einen richtig guten Crumpet hat er nie zuwege gebracht. Allerdings ist mir auch nicht bekannt, dass je jemandem in einer professionellen Küche ein guter Crumpet gelungen ist.

Laut dem *Oxford English Dictionary* wurden Crumpets erstmals in einem Rezept aus dem Jahr 1382 erwähnt, in ihrer heutigen Form gibt es sie jedoch vermutlich erst seit dem 17. Jahrhundert. Laut dem Kulturhistoriker Alan Davidson erschien das erste Crumpet-Rezept 1769. Dieses Rezept erinnert jedoch eher an einen dickeren Pfann- oder Eierkuchen. Das Wort »Crumpet« kommt vermutlich von *Crempog* – walisisch für Pfannkuchen. In ihrem umfassend recherchierten Buch über englisches Brot und Hefegebäck stellt die Autorin Elizabeth David eine Verbindung zwischen Crumpets und Muffins fest (gemeint sind englische Muffins, nicht das gleichnamige amerikanische Kleingebäck). Beide werden aus Hefeteig gemacht, doppelt gebacken und warm mit geschmolzener Butter serviert, sind aber dennoch recht unterschiedlich.

Unser *Tourier* macht zwar keine Crumpets, dafür jedoch Muffins in der amerikanischen Frühstücksvariante. Es ist schon merkwürdig, wie sehr sich das englische vom amerikanischen Rezept unterscheidet und den Weg vom englischen Nachmittagstee zum amerikanischen Frühstück fand. Die Amerikaner haben einfach das getan, wovon die Engländer schon von Kindesbeinen an seit Jahrhunderten geträumt haben: Sie haben die Tea Time einfach aufs Frühstück vorverlegt. Die üblichen Eier, Schinken und Porridge haben sie zusätzlich um Pfannkuchen, Donuts, Rosinenbrötchen und anderes süßes Gebäck ergänzt. Man muss schon eine neue Welt entdecken, um in der Lage zu sein, eine derart mutige, alle Konventionen über Bord werfende und elterliche Vorschriften ignorierende Entscheidung zu treffen.

Wenn der *Tourier* mit den Croissants fertig ist, widmet er sich dem *Pain au Chocolat*. In seinem kleinen neonbeleuchteten Raum beginnt es, nach war-

mem Karamell und Scho-
kolade, nach Muskatnuss
und Zimt zu duften. Sein
Assistent wiegt indessen die
Schokostückchen für die
Muffins ab, die noch gebacken werden. Jeden Morgen
wird ein anderes Gebäck
hergestellt, und die Küche
durchweht täglich ein neues
Aroma.

Das Gebäck wird heute mit
einem leichten Rhabarber-
kompott gefüllt. Der Rha-
barber der Sorte 'Champa-
gne' wird in Süd-Yorkshire
in Backsteinhäusern ge-
züchtet und früh zum Trei-
ben gebracht. Charakteris-
tisch ist seine blassgelbe
und rosa Färbung. Noch
vor einem Jahrhundert war
der erste neue Rhabarber in
Covent Garden ein Ereig-

nis wie der Saisonbeginn der Moorhuhnjagd oder die Zeit der ersten
Austern bzw. des ersten Spargels aus East Anglia. Rhabarber war das erste
frische, süßlich schmeckende Lebensmittel, das die Menschen in viktoria-
nischer Zeit nach den letzten Spätäpfeln im Herbst und den letzten
Gewächshaustrauben zu essen bekamen. Fast drei Monate lang mussten sie
in dieser Zeit auf getrocknete oder in Gläsern konservierte Früchte zurück-
greifen, um ihre Lust auf Süßes zu stillen.

Etwa um 6.30 Uhr bringt der *Tourier* alle Produkte seiner Kunst ins Restaurant, wo er auch für das Arrangieren der Backwaren in der Auslage verantwortlich ist. Vorsichtig türmt er die Croissants zu einer Pyramide auf. Doch immer, wenn er das letzte obenauf legt, fällt sie in sich zusammen. Mit konzentrierter Geduld baut er sie wieder auf, geht einen Schritt zurück und betrachtet einen Moment lang zufrieden sein Werk. Das Gebäck, die Muffins, das *Pain au chocolat* und all die süßen und gefüllten Teigwaren, die aus ganz Europa auf unsere Frühstückstische gelangt sind, wirken makellos.

»Wir werden nicht viele davon verkaufen«, sagt er beiläufig.

»Das meinen Sie doch nicht ernst!«, erwidere ich überrascht.

»Na ja, ein paar verkaufen wir schon, doch viele kommen in die Personalkantine.«

»Das ist ja furchtbar«, sage ich bedauernd. »Tut es Ihnen nicht leid um all die Arbeit?« »Aber nein«, meint er lächelnd, »ich liebe es, sie gut zu machen und dabei etwas zu lernen. Sie sehen hübsch aus, oder?«

Sie sehen tatsächlich köstlich aus!

»In England ist es nicht so üblich, Gebäck zum Frühstück zu essen, wissen Sie. Frauen fürchten dabei um ihr Gewicht, und Männer haben Angst vor Cholesterin und Krümeln auf ihren Laptops.«

Die Auslage der *Viennoiserie* bezeichnen die Besitzer des »Wolseley« als *Attitude Dish* – ein Instrument der Selbstdarstellung. Hierbei geht es weniger um Verkaufszahlen oder Beliebtheit, sondern vielmehr um die Präsentation. Die Auslage repräsentiert den Speiseraum, das Restaurant, sein Selbstverständnis und das Image, das es seinen Gästen vermitteln möchte. Sie ist zugleich Verheißung und Versprechen.

»Wenn es Sie interessiert, möchte ich Ihnen etwas zeigen«, sagt der *Tourier* und führt mich in die Bar.

Die beiden Barkeeper haben gerade damit begonnen, ihren Arbeitsplatz vorzubereiten und die Säfte mit Eis zu kühlen. Heute gibt es Wassermelonensaft. Auf dem Tresen steht ein Teller mit geriffeltem Gebäck. Daneben steht ein Drahtgestell mit hart gekochten Eiern.

»Probieren Sie einen davon«, sagt er und nimmt sich eines dieser Küchlein. Sie haben eine matt glänzende Glasur, als seien sie poliert worden. Unter der glänzenden Oberfläche verbirgt sich ein aromatischer Teig. Der Geschmack ist köstlich und zugleich flüchtig – ein Hauch von Süße und Komplexität –, die Konsistenz ähnelt weichem, hellem Kaschmir.

»Das sind *Cannelés de Bordeaux*. Ich habe sie im Urlaub kennengelernt. Es ist ein sehr altes traditionelles Rezept aus dem Bordelais. Wir backen sie in einer kupfernen Dariolform, die wir innen mit Bienenwachs bestreichen. Dann geben wir den Teig hinein und backen ihn. Nach dem Stürzen haben sie diese schöne Farbe. Sie schmecken leicht nach Honig.« Genau so ist es. »Im Süden Londons habe ich diesen Typen ausfindig gemacht – einen wirklich brillanten Kerl –, den ›Honigkönig‹. Er verkauft Bienenwaben – ohne Zusätze. Also fragte ich ihn, ob ich diese Kuchen damit machen könnte. Anfangs reichten wir sie noch kostenlos in der Bar, doch die Gäste trauten sich nicht wirklich zuzugreifen. Inzwischen stehen sie auf der Karte, und die Gäste lieben sie. Bedienen Sie sich!« Ein himmlischer, außergewöhnlicher, aus besten Zutaten gebackener Bissen wahrer Backkunst!

Wer Restaurants nur als Gast kennt, kann den Eindruck gewinnen, sie ähnelten einem Theater. In Wirklichkeit sind sie wie Betriebe der Schwerindustrie. Das Produkt eines Restaurants sind nicht die Teller mit Essen, sondern Gäste: Sie kommen mit einem leeren Magen ins Restaurant und verlassen es prall gefüllt. Die Arbeit hier ähnelt der eines Ingenieurs in einer Fabrikhalle, der eine Produktion überwacht, die gleichzeitig unendlich viele maßgefertigte Produkte herstellt.

Das »Wolseley« serviert vier unterschiedliche Mahlzeiten. Für jede ist eine bestimmte Ausstattung an Gewürzen, speziellen Löffeln und Gabeln, Tellern, Schüsseln, Deckchen, Servietten und Servierweisen nötig. Das Frühstück ist für die Kellner besonders kompliziert, da sich jeder Gast individuell seine eigene Mahlzeit zusammenstellt. Da jeder beim Frühstück spezielle persönliche Vorlieben hat, arbeiten die Kellner mit Dutzenden von Kombinationsmöglichkeiten, damit die Gäste gut in den Tag starten.

An der Rezeption geht der *Maître d'Hôtel* die Reservierungsliste durch. Die Reservierungen werden in einem Formular eingetragen. Neben den Namen stehen Codes, Abkürzungen für »Stammgäste« oder »regelmäßige Gäste« – also solche, die einmal die Woche oder jeden zweiten Tag kommen. Bei ihnen sind auch Essensvorlieben vermerkt, mit wem sie kommen, Geburtstage und Berufe. Diese Datenbank ist die wohlmeinende Version einer Art »Geheimdienst-Akte« und beinhaltet alles, damit der Service reibungsloser und persönlicher abläuft – Kleinigkeiten, durch die sich ein Gast hier wichtig genommen fühlt. Denn in einem Restaurant wahrgenommen zu werden und persönlich bekannt zu sein, ist eine der intensivsten Freuden des Großstadtlebens. Derartige Kleinigkeiten machen das Selbstverständnis des »Wolseley« aus.

Heute ist das Restaurant ausgebucht. Eigentlich ist es hier mit ca. 350 Reservierungen jeden Tag immer recht voll. Etwa zehn Prozent der Gäste sagen ihre Reservierungen wieder ab oder lassen sie einfach verfallen, 30 Prozent der Gäste schauen einfach auf gut Glück ohne Reservierung herein. Zwar darf man hier durchaus auch etwas länger verweilen, doch die meisten Tische werden zwischen 7.00 und 11.00 Uhr zwei- oder dreimal besetzt.

Hinter dem Tresen – neben Klemmbrettern, Speisekarten und im Restaurant vergessenen Haarspangen – erhalten die Gäste Streichhölzer in hauseigenen »Wolseley«-Schachteln. Wer beim Essen schnell etwas notieren möchte, findet hier Blöcke und Stifte, die ebenfalls das »Wolseley«-Logo tragen, und hinter dem *Maître d'Hôtel* gibt es ein Gerät, mit dessen Hilfe sich nasse Regenschirme im Handumdrehen mit einer Plastikhülle versehen lassen. Neben der »Schirmverpackungsmaschine« steht ein Zeitungsständer. Jeden Tag werden drei Exemplare des *Guardian*, drei des *Daily Telegraph*, drei der *Times*, drei des *Independent*, sechs der *Financial Times*, eine Ausgabe des *Daily Mirror*, zwei der *Herald Tribune*, eine des *El País*, eine *Le Monde*, ein *Corriere della Sera* und eine *Frankfurter Allgemeine* geliefert. Alle Zeitungen werden mit dem »Wolseley«-Logo versehen, sodass man sie zwar mitgehen lassen kann, es später im Büro jedoch jeder merkt. Später am Tag kommen noch einige Exemplare des *Evening Standard* hinzu.

An den internationalen Zeitungen erkennt man, London ist eine kosmopolitische europäische Stadt. Inzwischen kommen Menschen aus aller Welt hierher zum Frühstücken – und werden von Personal aus fast ebenso vielen Ländern bedient. Um ein Frühstück zuzubereiten und zu servieren, sind Menschen aus 24 Ländern beteiligt. Sie selbst essen – je nach ihren Traditionen und persönlichen Vorlieben – zum Frühstück unter anderem das, was in ihren Heimatländern angebaut, gezüchtet, gefischt und gesammelt oder industriell erzeugt wird. Hier servieren sie Mahlzeiten, die viele von ihnen wohl für eine ungewöhnliche, ja merkwürdige Kombination von Zutaten halten.

Es gibt kaum ein Thema, das so gegensätzliche Ansichten und Meinungen erzeugt wie das Thema »Frühstück«. Aus wie vielen Ländern die Zutaten für die Speisekarte des »Wolseley« stammen oder wie viele Nationen die angebotenen Gerichte inspiriert bzw. erfunden haben, hat bislang noch niemand gezählt. Doch das Restaurant kann sich mit Fug und Recht als international bezeichnen – sowohl, was das Personal als auch, was die Gäste angeht, bezogen auf seine Speisekarte genauso wie auf die verwendeten Zutaten, die Philosophie und die Geschichte des Restaurants. Sowohl vom Konzept als auch vom Charakter her steht das »Wolseley« in der Tradition jener ersten Wiener Cafés, in denen der Cappuccino erfunden wurde. Sie wurden zum Mittelpunkt der Kaffeehauskultur, als Wien die kosmopolitischste, weltoffenste Stadt der Welt und eine Keimzelle für Kunst, Wissenschaften und Politik war.

Dennoch ist das »Wolseley« keine bloße Kopie anderer Kaffeehäuser, es hat seinen eigenen Charakter entwickelt. Das Restaurant ist, auf den ersten Blick, in einem für Piccadilly typischen Stil gestaltet, mit leichten japanischen Anklängen. Bei genauerem Hinsehen sind jedoch zahlreiche weitere Einflüsse bemerkbar. So entdeckt man etwa auf dem Weg zur Toilette ein Schachbrett. Zwar spielt kaum jemand damit, doch es steht sinnbildhaft für das Selbstverständnis des Restaurants. Wenn man wollte, könnte man damit spielen. Es handelt es sich hierbei um ein Schachspiel mit schweren Staunton-Figuren, bei denen die Köpfe der Springer dem Pferd vor dem Streitwagen der Mondgöttin Selene nachgestaltet sind, wie sie auch in den Bauten der Akropolis von Athen zu sehen sind. Die Gestaltung dieser Schachfiguren ist typisch englisch. Das Schachspiel selbst jedoch ist ein internationales Spiel, gespielt von Europäern, erfunden von Arabern und von den Wikingern nach Großbritannien gebracht.

Inzwischen ist es 6.45 Uhr, 15 Minuten, bevor das Restaurant öffnet. Die Restaurantleiterin ruft ihre Mitarbeiter im Speisesaal zusammen, um ihnen – so wie jeden Morgen – für den Arbeitstag einige motivierende Worte mit auf den Weg zu geben. Gestern war das Remanco-System im Restaurant ausgefallen. Dieses Abrechnungssystem, eine ratternde Maschine, die die Bestellungen aus dem Restaurant in der Küche ausdruckt, ist das »zentrale Nervensystem« aller Restaurants – und zugleich ihre große Schwachstelle. Wenn es versagt, droht ein gefährliches Chaos. Dennoch haben die Küche und die Kellner den Service bewältigt. Alle Mitarbeiter haben ihr Bestes gegeben und die Ruhe bewahrt.

Das nächste Thema, das angesprochen wird, sind Änderungen auf der Speisekarte sowie das Anrichten und Servieren der Gerichte. Für das Service-Personal gibt es viel zu beachten. So gehört zu jeder Tasse Tee ein Gedeck mit sieben Gegenständen. Danach wird besprochen, welche Gäste erwartet werden, wer wo sitzt und welche Vorlieben bzw. Abneigungen die jeweiligen Gäste haben. So wünscht sich beispielsweise ein Gast eine Flasche Wasser mit Kohlensäure auf dem Tisch und extra Zucker in seinen Kaffee. Danach folgt noch eine abschließende Bemerkung zu den Uniformen des Personals: Die Mitarbeiter werden angehalten, auf ordentliche Schuhe zu achten, und gebeten, die Hemden in den Hosen zu tragen.

CROISSANTS

Durch die Gärung des Vorteigs ist das fertige Croissant später länger haltbar und schmeckt besser. Wenn Sie statt frischer Hefe nur Trockenhefe bekommen, sollten Sie die angegebene Menge verdoppeln.

Für ca. 12 Stück

Für den Vorteig
100 g Weizenmehl (Type 550)
100 ml Wasser
2 g frische Hefe

Zum Tourieren
200 g gut gekühlte Butter am Stück

Für den Teig
150 g Weizenmehl (Type 405) und etwas Mehl für die Arbeitsfläche
150 g Weizenmehl (Type 550)
48 g Zucker, 8 g Salz
1 Ei und 1 Ei zum Glasieren
55 ml Milch und etwas Milch zum Glasieren
20 g frische Hefe, 30 g Butter

Den Vorteig mindestens einen Tag im Voraus zubereiten. Dafür alle Zutaten in einer Schüssel verrühren und zugedeckt bei Zimmertemperatur 12 Stunden (oder 24 Stunden im Kühlschrank) gehen lassen.

Vorteig in die Rührschüssel einer Küchenmaschine geben. Beide Mehlsorten daraufgeben und restliche Teigzutaten zufügen. Erst 6 Minuten auf niedriger Stufe verrühren, dann 8 Minuten auf mittlerer Stufe rühren, bis ein fester Teig entsteht. An einem kühlen Ort 50 Minuten bis 1 Stunde gehen lassen.

Danach den Teig abschlagen (die Luftbläschen herausschlagen und -kneten), und 1 bis 1½ Stunden in den Kühlschrank stellen.

Teig und Butter aus dem Kühlschrank nehmen und etwas erwärmen lassen. (Der Teig sollte noch recht fest sein. Die Butter sollte so fest sein, dass die Hände nicht schmierig werden, aber noch weich genug, damit sie bei leichtem Biegen nicht bricht.) Teig auf einer bemehlten Arbeitsfläche mit einem Nudelholz zu einem Quadrat (ca. 25 x

25 Zentimeter) ausrollen. Butter auf die Dicke des Teigs ausrollen. Sie sollte etwa die halbe Seitenlänge haben, sodass die Butterschicht in die Mitte des Teigquadrats passt. Butter auf den Teig legen und Teig von beiden Seiten darüberschlagen, sodass er in der Mitte überlappt und ein »Paket« bildet. Ränder festdrücken.

Teigpaket zu einem langen, dünnen Rechteck ausrollen und die kurzen Seiten, an denen Butter zu sehen ist, begradigen. Ein Ende zu einem Sechstel einschlagen, dann das andere Ende ebenfalls einschlagen, damit die Kanten sich oben treffen, aber nur leicht überlappen. Kanten festdrücken und nochmals mindestens 30 Minuten in den Kühlschrank stellen. Teig nochmals zu einem Rechteck ausrollen und den Touriervorgang wiederholen. Danach Teig wieder in den Kühlschrank legen.

Den gekühlten Teig zu einem 5 Millimeter dicken, 40 x 32 Zentimeter großen Rechteck ausrollen. Längs in der Mitte mit einer eingeritzten Linie markieren, dann mit Querlinien acht Rechtecke andeuten. Diese dann diagonal in jeweils zwei Dreiecke teilen. Alle 16 Dreiecke ausschneiden. In die Grundlinie jedes Dreiecks eine kleine Kerbe schneiden, damit sich der Teig beim Rollen zur Seite hin ausdehnen kann. Jedes Dreieck leicht auseinanderziehen und zu einem Croissant aufrollen.

Das übrige Ei mit etwas Milch verschlagen und die Croissants damit bestreichen. An einem kühlen Ort (21 bis 23 °C) etwa 1½ Stunden gehen lassen – oder bis die Croissants ihr Volumen verdoppelt haben.

Den Backofen auf 190 °C vorheizen. Croissants erneut mit etwas verschlagenem Ei bestreichen und auf einem mit Backpapier ausgelegten Backblech im vorgeheizten Backofen in etwa 12 Minuten knusprig und goldbraun backen. Vor dem Servieren auf einem Kuchengitter abkühlen lassen.

Croissants zum Aufbacken

Dieses Rezept ist selbst für geübte Hobbybäcker eine Herausforderung. Wer lieber fertige Croissants zum Aufbacken kaufen möchte, sollte nur solche verwenden, die mit Butter hergestellt wurden. Achten Sie darauf, diese wirklich nur aufzubacken und sie nicht erneut zu backen. Legen Sie sie in den kalten Backofen, stellen Sie die Temperatur auf 80 °C, und erwärmen Sie die Croissants darin etwa 10 Minuten.

PAIN AU CHOCOLAT

Für 12–15 Stück

1 Portion gekühlter Croissant-Teig (siehe S. 32–33)
etwas Mehl für die Arbeitsfläche
240 g dunkle Schokolade (50–60 % Kakaoanteil), in dicke,
* 6–7 Zentimeter lange Riegel geschnitten (à ca. 10 g)*
1 Ei, verschlagen, zum Glasieren

Den Croissant-Teig auf einer leicht bemehlten Arbeitsfläche zu einem 40 x 36 Zentimeter großen, 4 Millimeter dicken Rechteck ausrollen. In 8 x 12 Zentimeter große Rechtecke schneiden.

Je 1 Riegel Schokolade auf die beiden schmalen Enden eines Rechtecks legen und den Teig zu sich hin aufrollen, dabei beide Schokoriegel in die Mitte des Teigs einrollen.

Den Teig mit der Nahtstelle nach unten auf mit Backpapier ausgelegte Backbleche setzen. Leicht mit verschlagenem Ei bestreichen und etwa 1¼ Stunden an einem warmen Ort (ca. 24 °C) gehen lassen.

Den Backofen auf 170 bis 180 °C vorheizen. Das *Pain au Chocolat* erneut mit etwas verschlagenem Ei bestreichen und in 12 bis 13 Minuten im vorgeheizten Ofen goldbraun backen.

Vor dem Servieren auf einem Kuchengitter leicht abkühlen lassen.

Pain au Beurre Salé

Dieses Rezept ähnelt dem eines *Pain au Chocolat*, wobei die verwendete Salzbutter die Schokolade ersetzt. Die gesalzene Butter macht die Croissants schön üppig, und der Zucker, mit dem das Gebäck bestreut wird, sorgt für ein wenig Süße.

Für 12–15 Stück

1 Portion gekühlter Croissant-Teig (siehe S. 32–33)
etwas Mehl für die Arbeitsfläche
300 g gesalzene Butter, in 6–7 cm lange, dicke Stangen
 geschnitten (à ca. 20 g)
1 Ei, verschlagen, zum Glasieren
etwas Demerara-Zucker zum Bestreuen

Den ausgerollten Croissant-Teig auf einer leicht bemehlten Arbeitsfläche in 8 x 12 Zentimeter große Rechtecke schneiden.

Auf jedes Teigrechteck 1 Butterstange legen und den Teig ähnlich wie beim *Pain au Chocolat* um die Butter herum aufrollen. Den Teig mit der Nahtstelle nach unten auf ein mit Backpapier ausgelegtes Backblech legen.

Die Teigrollen leicht mit etwas verschlagenem Ei bestreichen und kurz kühl stellen, damit der Teig etwas fester wird.

Die Oberfläche jeder Teigrolle mit einem scharfen Messer fünf- bis sechsmal parallel einschneiden. Etwa 1¼ Stunden an einem warmen Ort (ca. 24 °C) gehen lassen.

Den Backofen auf 170 bis 180 °C vorheizen. Die Teigrohlinge erneut mit etwas verschlagenem Ei bestreichen und mit etwas Zucker bestreuen. Im vorgeheizten Backofen in 12 bis 13 Minuten goldbraun backen.

Vor dem Servieren auf einem Kuchengitter leicht abkühlen lassen.

KÄSEWINDBEUTEL

Diese Windbeutel werden im »Wolseley« während der Frühstückszeit in der Bar angeboten. Es gibt sie aber auch mittags und abends. Ganz wunderbar passen sie zum Aperitif.

Für 10 große oder 30 kleine Windbeutel

125 ml Wasser
125 ml Milch
125 g Butter
1 TL Salz
125 g Weizenmehl
6 große Eier
200 g Emmentaler, gewürfelt, und etwas Emmentaler
zum Bestreuen
2 TL frisch gemahlener Pfeffer
1–2 frisch geriebene Muskatnüsse

Wasser, Milch, Butter und Salz in einem Topf zum Kochen bringen. Mehl auf einmal zugeben und alles mit einem Holzlöffel etwa 1 Minute verrühren.

Den Teig in eine Rührschüssel geben und mit einem Handrührgerät auf mittlerer Stufe etwa 1 Minute verkneten, damit der Teig etwas abkühlt. Die Eier nach und nach zum Teig geben und alles vermengen. Teig mit Frischhaltefolie abdecken und vollständig auskühlen lassen.

Den Backofen auf 180 °C vorheizen. Gewürfelten Emmentaler, Pfeffer und Muskat zum Teig geben und alles sorgfältig vermengen.

Den Teig löffelweise auf mit Backpapier ausgelegte Backbleche setzen (je 30 Gramm für kleine oder 100 Gramm für große Windbeutel) und jeweils etwas Emmentaler darüberreiben.

Im vorgeheizten Backofen in 20 bis 25 Minuten goldbraun backen.

BRIOCHES

Brioches – süß und leicht, aber kompakt, buttrig und reich an Eiern – sind schon lange ein beliebtes Gebäck, das man zum Frühstück statt Brot oder Croissants genießen kann. Man sollte sie direkt so, wie sie aus dem Ofen kommen, oder in Scheiben geschnitten und geröstet servieren. Sie passen sowohl zu süßen als auch zu pikanten Beilagen.

Für 6 Stück

125 g Weizenmehl (Type 405) und etwas Mehl für die Arbeitsfläche
125 g Weizenmehl (Type 550)
35 g feiner Zucker
1 gehäufter TL Salz
12 g frische Hefe
2 Eier
50 ml Milch
150 g Butter, gewürfelt

Die Brioches am Vortag vorbereiten. Hierfür beide Mehlsorten, Zucker, Salz und Hefe in die Rührschüssel einer Küchenmaschine geben.

In einer weiteren Schüssel die Eier mit der Milch verrühren. Zwei Drittel der Eiermilch zu den trockenen Zutaten geben.

Die Teigzutaten erst 8 Minuten auf niedrigster Stufe, dann 20 Minuten auf mittlerer Stufe verrühren. Dabei nach und nach die Butterwürfel zugeben und jeweils gründlich mit dem Teig vermengen.

Die übrige Eiermischung nach und nach zugießen, bis sich der Teig vom Schüsselrand löst. Der Teig sollte glatt, elastisch und glänzend sein und eine Temperatur von etwa 18 °C haben (er sollte sich recht kalt anfühlen). Falls er zu warm ist, im Kühlschrank kühlen. Teig zu einer Kugel formen und zugedeckt 1½ bis 2 Stunden bei Zimmertemperatur gehen lassen.

Den Teig auf einer bemehlten Arbeitsfläche zu einem Rechteck ausrollen, das doppelt so lang wie breit ist. Den Teig mit der langen Seite zu sich hinlegen. Erst das linke Drittel umschlagen, dann das rechte Drittel darüberschlagen und festdrücken.

Die Teigplatte um 90° drehen, erneut ausrollen und die Drittel noch einmal auf dieselbe Weise einschlagen. Dabei kräftig festdrücken, damit die im Teig enthaltene Luft entweicht. Den Teig in Frischhaltefolie wickeln und über Nacht in den Kühlschrank stellen.

Am nächsten Tag den Teig in sechs Portionen teilen und diese zu kleinen Laiben formen. Auf ein mit Backpapier ausgelegtes Blech setzen und an einem warmen Ort (23 bis 26 °C) 1½ bis 2 Stunden gehen lassen.

Den Backofen auf 180 °C vorheizen und die Brioches 20 bis 25 Minuten im vorgeheizten Backofen backen, bis sie schön aufgegangen und goldbraun sind. Vor dem Servieren auf einem Kuchengitter auskühlen lassen.

Anmerkung

Die klassische Brioche à Tête *(»Brioche mit Kopf«), bei der eine kleine Teigkugel auf einer größeren sitzt, wird auch* Brioche Parisienne *genannt. Backt man sie in einer speziellen kannelierten Form, nennt man sie* Brioche Nanterre. *Eine geflochtene Variante, die meist mit Rum, Cognac oder Orangenwasser aromatisiert wird, ist typisch für das französische Département Vendée.*

Brioche mit Zucker ist hingegen eine italienische Erfindung. Davon abgeleitet sind Festtagskuchen wie Panettone und Pandoro.

Brioches mit doppelt Schokolade

Für 12 Stück

1 Portion Brioche-Teig, gefaltet und gekühlt (siehe S. 40)
etwas Mehl für die Arbeitsfläche
150 g gehackte Schokostückchen und einige Schokostückchen zum Garnieren

Für die Konditorcreme
125 ml Milch, 100 g Sahne
½ Vanilleschote, aufgeschlitzt
1 Ei, 40 g feiner Zucker
20 g Puddingpulver

Für die Konditorcreme in einem Topf Milch, Sahne und Vanilleschote aufkochen lassen. In einer großen Rührschüssel Ei, Zucker und Puddingpulver mit einem Handrührgerät glatt rühren. Herd ausschalten. Die Hälfte der kochenden Milchmischung zu den kalten Zutaten in die Schüssel geben und alles rasch glatt rühren. Die Mischung zur restlichen heißen Milchmischung in den Topf geben, nochmals erhitzen und alles kräftig verrühren, bis die Creme zu kochen beginnt. Vom Herd nehmen und Creme auf ein Tablett oder einen Teller geben, mit Frischhaltefolie bedecken und abkühlen lassen.

Brioche-Teig auf einer leicht bemehlten Arbeitsfläche zu einem etwa 3 Millimeter dicken, 50 x 25 Zentimeter großen Rechteck ausrollen. Vanilleschote aus der Creme nehmen und Konditorcreme auf dem Teigrechteck verteilen. Dabei einen etwa 5 Millimeter breiten Rand frei lassen. Schokostückchen darübergeben.

Erst das eine, dann das andere lange Teigende bis zur Mitte aufrollen. Die »Doppelrolle« quer in etwa 1 Zentimeter breite Stücke schneiden. Jeweils zwei Stücke verdrehen und in der Mitte mit den flachen Seiten nach unten in Form eines Malteserkreuzes zusammenfügen. In mit Papierbackförmchen ausgelegte Backförmchen oder auf ein mit Backpapier ausgelegtes Backblech setzen. 1 bis 1½ Stunden an einem warmen Ort (ca. 24 °C) gehen lassen, bis der Teig auf leichten Druck zurückfedert.

Backofen auf 175 °C vorheizen und Brioches 10 bis 12 Minuten im vorgeheizten Backofen backen. Abkühlen lassen und mit Schokostückchen garniert servieren.

EIER

Es ist 6.55 Uhr – 5 Minuten vor Öffnung des Restaurants. Die Mitarbeiter prüfen, ob die Angaben auf den Speisekarten stimmen, ob es besondere Empfehlungen oder neue Gerichte gibt und ob jeder Tisch korrekt eingedeckt ist. Außerdem muss nachgesehen werden, ob ausreichend Teelöffel vorhanden sind. Denn aus unerfindlichen Gründen gibt es davon – egal, wie viele es auch sein mögen – nie genug bzw. sie sind nie dort, wo man sie gerade braucht.

Unten in der Küche arbeiten die Köche, die für das Frühstück zuständig sind, bereits seit einer Stunde. Heute sind es drei Mitarbeiter, die Küchenchefin aus Australien und ihre zwei Souschefs aus Mali und Kalifornien. Der afrikanische Souschef ist heute für die Eiergerichte zuständig. Gerade rührt er einen Eimer voll Hollandaise an.

Auf die Frage, ob sie ihm schon einmal geronnen ist, antwortet er: »Nur einmal. Ich war entsetzt, als sich die Emulsion getrennt hat. Wie konnte ausgerechnet mir so etwas passieren!«, scherzt er.

Sauce hollandaise gehört erst seit Kurzem zum »internationalen Frühstücksrepertoire«. Sie ist fester Bestandteil von Eiern Benedict, einem typischen Großstadtgericht. Während die Ursprünge der meisten Frühstücksgerichte in Privathaushalten liegen, erblickte das Rezept für Eier Benedict in den Küchen der Gastronomie das Licht der Welt. Im *Larousse Gastronomique*, der Enzyklopädie klassischer Gerichte, finden sich unter der Überschrift »Eier« unglaubliche 250 Gerichte – unzählige Rühreivarianten, Omeletts und ein Eintrag zu Schottischen Eiern noch nicht einmal mitgezählt. Doch es gibt darin kein einziges Rezept für Eier Benedict.

Das Rezept für Eier Benedict stammt aus Amerika – und zwar aus New York. Über die Ursprünge des Rezepts existieren zwei unterschiedliche Geschichten: Die erste entstammt einem Kochbuch mit dem Titel *The Epicurean*, verfasst von Charles Ranhoffer, dem Küchenchef des Delmonico's. Ranhoffer zufolge fand ein Stammgast des Restaurants, Mrs. Le Grande Benedict, auf der Mittagskarte nichts, auf was sie Appetit hatte, und bat den Küchenchef darum, ein neues Gericht zu kreieren. Daraufhin soll er das Rezept für Eier Benedict erfunden haben, die er *Eig à la Benedict* nannte. Die andere Geschichte stammt aus dem Hotel Waldorf, dem wir auch den gleichnamigen Salat verdanken. An der Wende zum 20. Jahrhundert genoss die Küche des Waldorf-Astoria-Hotels mit ihrem Küchenchef Oscar Tschirky einige Berühmtheit. Zu dieser Zeit veröffentlichte die Zeitschrift *The New Yorker* ein Interview mit dem Börsenmakler Lemuel Benedict. Dieser soll das Waldorf-Astoria nach einer durchzechten Nacht mit einem mächtigen Kater besucht und Toast mit Butter, knusprigen Speck, zwei pochierte Eier und einen *Hooker* Hollandaise bestellt haben. Der Koch war von dieser Frühstücksidee begeistert, allerdings ersetzte er den Toast durch einen englischen Muffin und den knusprigen Speck durch kanadischen (Rücken-)Speck, und so war eine Legende geboren! Was mich an dieser Geschichte überzeugt, ist der Kater. Wenn Leute einen Kater haben, essen sie die seltsamsten Dinge – »Prärie-Austern« (Stierhoden) zum Beispiel. Auch heute noch sind Eier Benedict das beste Katerfrühstück, das je erfunden wurde.

Das einzige nicht Stimmige an dieser Geschichte ist für mich der *Hooker* Hollandaise. Was ist in diesem Zusammenhang ein *Hooker*? Ich weiß natürlich, dass damit normalerweise eine Prostituierte gemeint ist. Vielleicht hat ja Lemuel um Eier und Speck sowie eine Sauce hollandaise gebeten, die man ihm auf einem leichten Mädchen servieren sollte?

Eine neue Mahlzeit zu erfinden ist ungeheuer schwierig. Seit über 10.000 Jahren nimmt die Menschheit etwa alle acht Stunden eine Mahlzeit zu sich und plötzlich schiebt irgendjemand eine neue Mahlzeit dazwischen. Doch in den USA scheinen alle Arten von Neuerungen möglich. Und so verschmolzen die Amerikaner einfach zwei althergebrachte Mahlzeiten – und erfanden so den Brunch.

Eier Benedict wurden zum Star dieser neuen Mahlzeit – sozusagen die »Marilyn Monroe des Brunchs«. Sie sind eine Schlemmerei, vor deren Genuss ausnahmslos ein »Oh, ich sollte das wirklich nicht …« steht. Die Kombination einer üppigen, geschmeidigen Hollandaise mit dem altmodisch untadeligen und durch und durch nahrhaften angelsächsischen pochierten Ei mit Speck macht dieses Gericht so dekadent. Man hat zwar die Wahl zwischen einem oder zwei Eiern, doch ein einzelnes Ei Benedict ist auf dem Teller ein recht trauriger Anblick. Erst als Paar können sie als gastronomisches Gericht gelten. Ich war schon immer der Meinung, mit einem einzelnen Ei sollte das Gericht »Benedict« und mit zwei Eiern »Benedict und Beatrice« heißen.

Noch schwerer zu ergründen sind die Ursprünge der Sauce hollandaise. Im Allgemeinen schreibt man die Erfindung den Franzosen zu, allerdings hauptsächlich deshalb, weil sie für Saucen und deren Herstellung eine festgelegte Systematik entwickelt haben. Hierbei haben sie auf zahlreiche jahrtausendealte Rezepte aus ganz Europa zurückgegriffen. Die Sauce béarnaise etwa ist eine warm servierte Variante der Mayonnaise, die so alt ist wie Olivenöl – und damit älter als der Ackerbau. Doch die schriftliche Überlieferung dieser Rezepte, die als Wurzeln der französischen Küche gelten, wurde erst im 18. Jahrhundert festgelegt.

Die Hollandaise ist eine der fünf Grundsaucen der klassischen französischen Küche und wird mit Butter statt Olivenöl hergestellt. Hierfür ist bereits ein Rezept aus dem Jahr 1758 überliefert, das zwar kein Eigelb enthält, stattdessen jedoch Mehl – und damit eher eine Art Mehlschwitze oder Béchamelsauce ist. Doch schon ein 1683 verfasstes Buch aus den Niederlanden mit dem Titel *De verstandige kok* (»Der verständige Koch«) erwähnt eine Sauce aus Butter, Eiern und Essig, die zu Aal gereicht wird. Die Zubereitung wird dabei jedoch nicht erklärt. Die Bezeichnung »Hollandaise« indes leitet sich so gut wie sicher von Holland ab, das für die gute Qualität seiner süßen Butter und seiner Eier berühmt war. Zuweilen wird die Sauce auch Holländische Sauce genannt, doch es gibt auch die Theorie, dass die Hollandaise in ihrer heute bekannten Form eigentlich aus Deutschland stammt.

Denn in Mode kam die Sauce in den 1730er-Jahren, als deutsche Bauern den komplizierten und kostspieligen Spargelanbau bis zur Perfektion betrieben. Zu dieser Zeit waren die Deutschen ganz verrückt nach Spargel und geradezu süchtig danach – eine Vorliebe, die auch heute noch in Deutschland weitverbreitet ist. Während der Spargelsaison sind die schmackhaften Stangen allgegenwärtig und die Menschen können gar nicht genug davon bekommen. Und gerade zu Spargel passt Sauce hollandaise ganz hervorragend.

Die Zubereitung von Sauce hollandaise gilt als etwas knifflig, doch eigentlich ist das Geheimnis der Zubereitung eine einfache Kombination aus Physik und Thermodynamik. Für die Physik sorgt die Armbewegung beim Rühren, die Gesetze der Thermodynamik greifen, wenn die Sauce zu warm wird und gerinnt. Hinzu kommt ein wenig Chemie. So führte der Chemiker Hervé This-Benckhard einst ein Experiment durch, um die Frage zu klären, wie viel Mayonnaise man aus einem einzigen Eigelb herstellen kann (das Prinzip ist hier das gleiche wie bei der Hollandaise). Nach etwa 20 Litern hörte er auf. Dieser Effekt basiert auf dem in hoher Konzentration im Eigelb enthaltenen Emulgator Lezithin, der das Öl in der Mayonnaise mit Wasser bindet. Über diese erstaunliche Beschaffenheit des Eigelbs lässt es sich wunderbar sinnieren, am besten während man am Frühstückstisch sitzt.

Hat der Frühstückskoch des »Wolseley« die Hollandaise fertig geschlagen und die Schüssel in das Wasserbad gestellt, schlägt er über kochendem Wasser weitere Eier auf, um sie zu pochieren. Pochierte Eier sind für Restaurants ein wahrer Segen. Sie können im Voraus zubereitet und bei Bedarf aufgewärmt werden, ohne dabei Schaden zu nehmen. Manch einer behauptet, Eier sind am besten, wenn sie ein paar Tage alt sind, weil das Eiweiß von sehr, sehr frischen Eiern nicht richtig fest wird.

Eier gehören zu den perfektesten und wichtigsten Nahrungsmitteln überhaupt. Wenn wir von Eiern sprechen, meinen wir meist Hühnereier. Hühner gelangten erstmals vor 1500 Jahren nach Europa und erst 700 Jahre später kamen sie mit den Römern nach England. Die berühmte Frage »Was war zuerst da – das Huhn oder das Ei?« ist allerdings falsch gestellt. Denn das Huhn wurde nicht deshalb zum beliebtesten Geflügel der Welt, weil man aus ihm frittierte Nuggets, Chicken Wings oder Hühnersuppe herstellen kann, sondern weil es Eier legt. Wegen ihrer Eier werden Hühner überall und in jeder Küche der Welt hochgeschätzt.

Eier bestehen zu 12 Prozent aus Protein und ebenfalls zu 12 Prozent aus Fett – ein perfektes Mengenverhältnis. Innerhalb eines Monats verarbeitet die Küche des »Wolseley« mehr als 12.000 Eier zu pochierten, gerührten, gebratenen und gekochten Eiern. Sie werden verwendet in Omeletts, Armen Rittern, Sauce hollandaise, Gebäck, Brot, Glasuren, Eiscreme, Puddings und Mousses. Hinzu kommen noch die hart gekochten Eier, die am Bartresen angeboten werden.

WISSENSWERTES
ÜBER EIER

~ Eier sollten einige Zeit vor der Verwendung aus dem Kühlschrank genommen werden, damit sie sich auf Zimmertemperatur erwärmen können. Ist dies zeitlich nicht möglich, sollten Sie sie 1 bis 2 Minuten länger kochen. Die Kochzeit ist jedoch nicht das einzige Problem: Gibt man gekühlte Eier in heißes Wasser, bricht die Schale leichter. Eier werden schneller zimmerwarm, wenn man sie einige Minuten in eine Schüssel mit heißem Wasser (direkt aus der Leitung) legt.

~ Auch sehr frische Eier können bei der Verwendung in der Küche problematisch sein: Sie lassen sich nicht so gut schaumig schlagen und hart gekocht lassen sie sich schwerer schälen.

~ Kaufen Sie möglichst Eier von einem seriösen Anbieter, der dafür garantieren kann, dass sie bei Temperaturen unter 20 °C transportiert und gelagert wurden.

~ Die Farbe der Eierschale ist lediglich ein Hinweis auf die Hühnerart und beeinflusst weder Geschmack noch Nährstoffgehalt.

~ Eier werden in Gewichtsklassen eingeteilt: klein/S (unter 53 Gramm), mittelgroß/M (53–63 Gramm), groß/L (63–73 Gramm) und sehr groß/XL (über 73 Gramm).

~ Vor und nach der Verarbeitung von Eiern sollten Sie sich stets die Hände waschen. Waschen Sie jedoch nicht die Eier selbst, dadurch würde ein natürlicher Film entfernt, der verhindert, dass Bakterien ins Ei eindringen.

~ Werfen Sie verunreinigte oder beschädigte Eier weg.

~ Eier sollten möglichst im Kühlschrank gelagert werden.

~ Da ihre Schale durchlässig ist, sollten Eier separat von anderen Nahrungsmitteln aufbewahrt werden – entweder im Karton oder in einem verschlossenen Fach oder Behälter –, damit sie nicht fremde Gerüche annehmen. Diese Eigenschaft können Sie jedoch auch zu Ihrem Vorteil nutzen, etwa wenn die Eier den wunderbaren Duft von Trüffeln annehmen.

~ Um zu prüfen, ob ein Ei frisch ist, legen Sie es vorsichtig in ein hohes Glas und füllen Sie dieses mit Wasser. Schwimmt das Ei an die Oberfläche, ist die Luftblase innerhalb der Schale, die sich beim Austrocknen des Eis bildet, schon recht groß, und das Ei ist wahrscheinlich schon älter oder sogar schon verdorben.

Das perfekte gekochte Ei

Gekochte Eier sind in puncto Qualität und Geschmack wohl eine der härtesten Proben für Eier. Denn die Schale bildet, obgleich sie porös ist, die schützende Hülle dieses Grundnahrungsmittels und sollte beim Kochen intakt bleiben.

~ Geben Sie dazu ausreichend Wasser in einen Topf. Etwas Essig (1 Teil Essig auf 10 Teile Wasser) sorgt dafür, dass die Eier sich später leichter schälen lassen. Lassen Sie das Wasser danach sanft aufkochen.

~ Geben Sie die Eier vorsichtig mit einem Schaumlöffel ins kochende Wasser. Falls Sie mehr als ein oder zwei Eier kochen möchten, empfiehlt sich dafür ein Drahtkorb, damit alle Eier gleichzeitig zu garen beginnen. Regulieren Sie die Temperatur so, dass das Wasser erneut aufkocht und dann nur noch siedet.

~ Nach 1 bis 1½ Minuten bei kleinen Eiern, etwa 2 Minuten bei mittelgroßen und etwa 3 Minuten bei großen Eiern ist das Eiweiß fest, aber noch nicht ganz erstarrt und das Eigelb ist immer noch flüssig (französisch: *mollet* = wachsweich). Die Eier können jetzt vorsichtig geschält und serviert oder wie pochierte Eier verwendet werden.

~ Viele bevorzugen ihre Eier jedoch mittelweich (die Eier hierfür 30 Sekunden länger kochen lassen) oder mittelhart (bis zu 1 Minute länger kochen lassen). Wenn Sie mehrere verschieden harte Eier benötigen, nehmen Sie sie einfach nacheinander mit einem Schaumlöffel heraus.

~ Nach etwa 4 Minuten bei kleinen, etwa 5 Minuten bei mittelgroßen und etwa 6 Minuten bei großen Eiern ist das Eiweiß sehr fest und das Eigelb noch schön weich.

~ Nach etwa 8 Minuten bei kleinen, etwa 9 Minuten bei mittelgroßen und etwa 10 Minuten bei großen Eiern sind sowohl Eiweiß als auch Eigelb sehr fest – perfekt, um die Eier als Garnitur in Scheiben zu schneiden oder sie fein zu hacken. Dies ist die maximale Kochdauer für Eier.

~ Sobald die Eier den gewünschten Härtegrad erreicht haben, sollten Sie sie kalt abschrecken, damit sie nicht weitergaren.

~ Um ein gekochtes Ei zu schälen, rollen Sie es fest, aber vorsichtig auf einem harten Untergrund, um die Schale rundum aufzubrechen. So lässt sich die Haut unter der Schale am einfachsten mitentfernen. Schälen Sie die Eier am besten erst kurz bevor sie weiterverwendet werden, damit sie in der Zwischenzeit nicht austrocknen.

DAS PERFEKTE RÜHREI

~ Überprüfen Sie die Mindesthaltbarkeit der Eier. Sind sie nicht mehr ganz frisch, macht die Zugabe von Milch oder Wasser das Rührei zu wässrig. Idealerweise haben die Eier Zimmertemperatur (falls sie direkt aus dem Kühlschrank kommen, einige Minuten in heißes Leitungswasser legen).

~ Verschlagen Sie pro Person 2 bis 3 Eier (je nach Größe) leicht in einer Rühr-schüssel und würzen Sie sie nach Geschmack mit Salz und Pfeffer. Sind die Eier frisch genug, einige Esslöffel Wasser bzw. Milch oder Sahne unterrühren. Das zugegebene Wasser soll das Rührei lockerer machen, wenn es beim Kochen verdampft, Milch oder Sahne sollen hingegen für ein cremigeres Rührei sorgen. Puristen sind allerdings der Ansicht, dass die Milch das Rührei zu hart macht und zu einem störenden Beigeschmack führen kann.

~ In einer (vorzugsweise beschichteten) Pfanne mit schwerem Boden pro Person 15 bis 30 Gramm Butter zerlassen. Die Pfannengröße möglichst nach der Anzahl der Eier wählen. Eine Pfanne mit 20 Zentimetern Durchmesser ist ideal für drei bis vier Eier, eine mit 25 Zentimetern ist perfekt für sechs bis acht Eier.

~ Geben Sie die Eier in die Pfanne und erhöhen Sie kurz die Hitze. Zählen Sie dann bis 10 und reduzieren Sie die Temperatur. Beginnen Sie zu rühren, sobald die Eier nicht mehr durchsichtig sind. Unter Rühren vorsichtig weitergaren, bis die Eier knapp vor der idealen cremigen Konsistenz, also noch nicht starr geworden sind. (Macht man beim Rühren kurze Pausen, werden die Eierstücke größer.)

~ Nehmen Sie die Pfanne sofort vom Herd, rühren Sie jedoch weiter, denn durch die Resthitze in der Pfanne garen die Eier weiter. Nach Geschmack können Sie nun 1 bis 2 Esslöffel Sahne oder Crème double einrühren. Dies sorgt für eine schöne Konsistenz und verringert gleichzeitig die Temperatur, sodass die Eier nicht zu fest werden. Falls nötig, die Pfanne in kaltes Wasser stellen.

~ Die Rühreier nach Geschmack mit Pfeffer und Salz würzen und sofort servieren.

Tipp
Für eine luftigere Konsistenz pro Person 1 Eiweiß zu Eischnee schlagen und vor dem Braten unter die Eiermischung heben.

Das perfekte pochierte Ei

Für pochierte Eier sollten die Eier am besten möglichst frisch sein, damit sie im Wasser ihre Form behalten. Falls die Eier nicht mehr ganz frisch sind, kann man sie etwa 15 Minuten ins Tiefkühlfach legen, damit das Eiweiß dickflüssiger wird.

~ Bringen Sie in einem großen, schweren, flachen Topf ausreichend Wasser zum Sieden und geben Sie 3 bis 4 Teelöffel neutralen Essig hinzu. Der Essig sorgt für eine festere Konsistenz und eine bessere Form: Auf diese Weise macht sich das Eiweiß nicht »selbstständig« und löst sich nicht vom Eigelb. Am besten eignet sich klarer neutraler Essig, z. B. Branntweinessig. Malz- und Kräuteressig sollte man nicht verwenden, denn ihr Aroma würde den Geschmack der Eier beeinträchtigen. Kein Salz zugeben, denn dadurch würden die Eier zu hart werden.

~ Schlagen Sie die Eier in eine hitzebeständige Tee- oder Untertasse, senken Sie diese ins Wasser ab und lassen Sie die Eier ins siedende Wasser gleiten (nicht mehr als vier Eier gleichzeitig, damit die Wassertemperatur nicht zu stark sinkt). Sobald alle Eier im Wasser sind, den Topfdeckel auflegen und die Eier etwa 3 Minuten sieden lassen. Wichtig ist, dass das Wasser in Bewegung bleibt, damit die Eier nicht auf den Boden sinken oder ungleichmäßig garen. Einige Köche rühren dazu das Wasser um, damit ein Strudel entsteht, aber dies funktioniert nur bei einem oder zwei Eiern. Wenn die Eier wirklich frisch sind, sollte dies nicht nötig sein.

~ Nach etwa 3 Minuten Kochzeit den Garzustand der Eier überprüfen. Fertig sind sie, wenn das Eiweiß nicht mehr durchsichtig ist und das Eigelb leicht durchscheint. Ist dies noch nicht der Fall, zugedeckt noch etwa 20 Sekunden weitergaren. Anders als bei gekochten Eiern hat die Größe der Eier dabei keinen Einfluss auf die Garzeit.

~ Sind die Eier gar, heben Sie sie umgehend mit einem Schaumlöffel aus dem Wasser. Werden sie nicht sofort serviert, setzen Sie sie vorsichtig in eine Schüssel mit Eiswasser, damit der Garvorgang unterbrochen wird. Falls nötig, halten sich die Eier in der Schüssel mit kaltem Wasser mehrere Tage. Vor dem Servieren einfach in einen Topf mit sanft siedendem Wasser bis zu 2 Minuten aufwärmen.

~ Wenn Sie die Eier sofort servieren, nach Belieben kurz in frisches warmes Wasser tauchen, um den Essiggeschmack abzumildern.

~ Sind die Eier abgekühlt, nehmen Sie sie vorsichtig aus dem Wasser und entfernen Sie nach Belieben die Eiweißreste an der Außenseite.

Eier Benedict

Für 2 Personen

4 Eier, pochiert (siehe S. 57)
4 englische Muffins
etwas Butter zum Bestreichen
4 Scheiben Schinken
Salz
1 großzügige Prise Schnittlauch, gehackt
1 großzügige Prise Cayennepfeffer

Für die Sauce hollandaise *(ca. 250 ml)*
4 EL Weißweinessig
2 Schalotten, grob gehackt
10 Pfefferkörner
175 g Butter, gewürfelt
3 Eigelb und bei Bedarf 1 Eigelb zum Binden der Sauce
Saft von ½ Zitrone
Salz

Für die Sauce hollandaise Essig, Schalotten und Pfefferkörner in einen Topf geben und zum Kochen bringen. Kochen lassen, bis die Mischung um zwei Drittel eingekocht ist, und in eine Glasschüssel abseihen.

Die Butter in einem schweren Topf bei geringer Hitze zerlassen. Den Schaum abschöpfen, bis nur noch die geklärte Flüssigkeit übrig ist. Vom Herd nehmen und lauwarm abkühlen lassen. Die geklärte Butter vorsichtig in eine saubere Schüssel umfüllen, dabei darauf achten, dass alle festen Rückstände im Topf bleiben.

Eine hitzebeständige Schüssel über einen Topf mit siedendem Wasser stellen. Die Eigelbe und die Essigmischung in die Schüssel geben und zu einer glatten, dicken, blassgelben Masse verschlagen.

Vom Herd nehmen und alles kräftig verschlagen, dabei so viel geklärte Butter hinzufügen, dass eine dick-cremige Sauce entsteht. Wichtig ist, dabei immer in dieselbe Richtung zu schlagen.

Falls sich die Sauce trennt und gerinnt, 1 frisches Eigelb in einer sauberen Schüssel mit 1 Esslöffel Wasser verschlagen und in die Sauce einrühren. Sauce mit etwas Zitronensaft und Salz abschmecken und warm stellen.

Während man die Eier pochiert (siehe S. 57) die Muffins unter dem Grill des Backofens rösten. Jeweils oben eine dünne Scheibe abschneiden. Den Backofengrill angeschaltet lassen.

Die gerösteten Muffins mit Butter bestreichen und jeweils 1 Scheibe Schinken darauflegen. In die Mitte jeweils mit dem Daumen oder mit einem Löffel eine Mulde für die Eier drücken. Zum Aufwärmen unter den Grill schieben.

Sind die Eier fertig, gut trocken tupfen und salzen. Die Eier in die Mulden der Muffins setzen und die Sauce hollandaise darübergeben. Mit Schnittlauch und Cayennepfeffer bestreut servieren.

Varianten

Eine einfache Variante der Eier Benedict sind Eier Arlington. Hierbei ersetzt man den Schinken durch lange Streifen Räucherlachs. Diese werden zu Ringen geformt, in die dann die pochierten Eier gesetzt werden. Eier Florentine wiederum sind eine vegetarische Variante, bei der statt Schinken oder Lachs etwas in Butter gegarter Spinat verwendet wird.

DAS PERFEKTE SPIEGELEI

~ Eine beschichtete Pfanne mit schwerem Boden und Deckel bei mittlerer Hitze erwärmen und etwas Butter sowie 1 bis 2 Tropfen Olivenöl (damit die Butter nicht anbrennt; oder geklärte Butter verwenden, siehe S. 58) hineingeben. Die Butter durch Hin- und Herkippen der Pfanne auf dem gesamten Pfannenboden verteilen.

~ Die Eier entweder direkt in die Pfanne oder zunächst in eine Tasse schlagen und aus dieser in die Pfanne gleiten lassen. Die Temperatur auf geringe Hitze reduzieren.

~ Für klassische Spiegeleier die Pfanne mit einem Deckel dicht verschließen und die Eier 3 bis 5 Minuten braten. Das Eiweiß sollte fest und am Rand leicht gebräunt sein, das Eigelb sollte an der Unterseite durchgegart, oben jedoch noch flüssig und mit einer leichten, durchsichtigen Schicht bedeckt sein.

~ Wenn Sie das Eigelb fester wünschen, ohne es zu stark durchzubraten, das Ei nach etwa 3 Minuten vorsichtig mit einem Spatel oder einem Pfannenwender wenden und es ohne Deckel nur noch sehr kurz anbraten.

~ Mit Pfeffer und Salz würzen und sofort servieren.

Anmerkung

Es gibt noch weitere Möglichkeiten, das Eigelb intensiver zu braten, ohne das Ei dafür wenden zu müssen. Wenn Sie viele Eier braten oder Eier mit etwas Fettreichem wie Speck anbraten und reichlich Butter oder anderes Fett in der Pfanne ist, können Sie das Eigelb mit dem heißen Fett vom Pfannenrand bepinseln. Oder Sie geben nach etwa 2 Minuten 1 bis 2 Esslöffel Wasser an den Pfannenrand und legen sofort den Deckel auf. Der entstehende Dampf gart die Oberfläche der Eigelbe in der restlichen Bratzeit.

Das perfekte Omelett

Omeletts werden im »Wolseley« in einer sehr schlichten Variante zubereitet und bestehen nur aus Eiern und einigen Würzzutaten. Am besten gelingen sie auf dem Gasherd, da man hier die Hitze besser regulieren kann. Bei einem Elektroherd muss man die Pfanne nötigenfalls schnell von der Herdplatte ziehen.

~ Verschlagen Sie die Eier nur leicht, sonst werden sie zu schwer und wässrig. Streichen Sie eine saubere Pfanne dünn mit Butter ein und erhitzen Sie sie. Die Butter sollte weder schäumen noch rauchen. Gießen Sie die Eier hinein.

~ Während die Eier braten, immer wieder mit einem Spatel den äußeren Rand zur Mitte schieben, damit die noch rohe Eiermischung in Kontakt mit der heißen Pfanne kommt. Mit Salz und Pfeffer würzen. (Salzt man früher, werden die Eier zäh und wässrig).

~ Das Omelett sollte eine feste und gebräunte Unterseite und eine noch leicht flüssige Oberseite haben (französisch: *baveuse*). Je nach Garzustand gibt es verschiedene Konsistenzen und Bräunungsgrade: leicht und fluffig oder etwas fester, blassgelb oder goldbraun.

~ Ist das Omelett ausreichend gebraten, die Füllung auf die eine Hälfte geben und die andere Hälfte darüberschlagen. Hier gibt es zahlreiche Varianten: So kann man das Omelett zu je einem Drittel nach innen umgeschlagen, oder man schlägt ein Drittel nach innen, lässt das Omelett auf einen Teller gleiten und faltet dabei das restliche Drittel darunter, wodurch ein langes, schmales Omelett entsteht.

~ Das Omelett vor dem Servieren je nach Raumtemperatur 1 bis 2 Minuten auf dem Teller ruhen lassen.

Anmerkung

Wenn Sie keine altgediente Pfanne mit guter Hitzeleitfähigkeit haben, können Sie auch eine antihaftbeschichtete Pfanne verwenden. Wichtig ist, dass die Pfanne die richtige Temperatur hat, damit das Omelett nicht zu stark bräunt und innen baveuse *bleibt. Für ein Omelett aus 3 Eiern empfiehlt sich eine Pfanne mit 20 Zentimetern Durchmesser. Verwenden Sie als Fett ausschließlich Butter. Denn die Kombination aus Butter und Eiern ist unabdingbar. Wenn Sie unter einer Unverträglichkeit leiden, können Sie jedoch auch Margarine oder ein anderes pflanzliches Fett verwenden.*

OMELETT »ARNOLD BENNETT«

Für 2 Personen

250 g geräucherter Schellfisch
250 ml Milch
½ Zwiebel, in Scheiben geschnitten
1½ Lorbeerblätter
1 Gewürznelke
125 ml Sauce hollandaise (siehe S. 58)
4 EL Crème double
2 Eigelb und 8 große Eier
etwas geklärte Butter (siehe S. 58) zum Braten
etwas Schnittlauch, gehackt, zum Bestreuen

Den Schellfisch in einem Topf mit der sanft siedenden Milch, der Zwiebel, den Lorbeerblättern und der Gewürznelke etwa 5 Minuten pochieren, bis sich der Fisch leicht zerpflücken lässt. Den Fisch herausnehmen, das Fleisch zerpflücken und in eine große Rührschüssel geben. Abkühlen lassen.

Sauce hollandaise, Crème double und Eigelbe in einer Schüssel verrühren und beiseitestellen.

Den Backofengrill vorheizen.

Etwas geklärte Butter in eine beschichtete Omelettpfanne geben. 4 Eier verquirlen und wie auf S. 63 beschrieben zu einem Omelett backen, aber nicht durchgaren.

Aus der Pfanne auf eine hitzebeständige Servierplatte gleiten lassen und die Hälfte des Fischs darauf verteilen. Die Hälfte der Hollandaise-Mischung darübergeben. Das Omelett unter dem vorgeheizten Backofengrill braten, bis die Oberfläche zu glänzen beginnt. Das zweite Omelett ebenso zubereiten und backen.

Mit Schnittlauch bestreuen und servieren.

FRENCH TOAST

Die Originalversion dieses Gerichts wird in Frankreich als *Pain Perdu* bezeichnet, »verlorenes Brot«. Sie wurde erfunden, um altbackenes französisches Weißbrot aufzubrauchen, das schon nach einem Tag trocken ist.

Für 4 Personen

geklärte Butter (siehe S. 58) zum Braten
8 dickere Scheiben Brioche (siehe S. 40)
etwas Puderzucker zum Bestäuben

Für den Backteig
3 große Eier
4 EL Crème double
20 g feiner Zucker
etwas frisch geriebene Muskatnuss
etwas Zimtpulver

Für den Teig in einer breiten, flachen Schüssel Eier, Crème double und Zucker mit einem Handrührgerät vermischen. Muskat und Zimt nach Geschmack zugeben und einrühren.

In einer Pfanne etwas geklärte Butter erhitzen. Den Pfannenboden damit bestreichen, sodass er gerade so bedeckt ist, und nur bei Bedarf noch mehr Butter zugeben, sonst wird das Brot zu fettig und weicht durch.

Die Brioche-Scheiben in den Teig tauchen, überschüssigen Teig abtropfen lassen und die Brioche-Scheiben in der geklärten Butter sanft anbraten, bis sie auf beiden Seiten goldbraun sind.

Aus der Pfanne nehmen und sofort auf Küchenpapier abtropfen lassen. Mit Puderzucker bestäubt servieren.

ENGLISCHES
FRÜHSTÜCK

Die Frühstücksküche im »Wolseley« ist mit drei Salamandern ausgestattet. Diese Geräte ähneln einem Backofengrill in Privathaushalten. Hinzu kommen zwei Herdplatten und einige Warmhalteöfen. All das konzentriert sich auf kleinstem Raum. Auf der anderen Seite des Ofens bereitet der kalifornische Koch das warme Frühstück vor: Schweinefleisch in allen Varianten.

Das »Wolseley« hat ein wienerisches, kosmopolitisches Flair, ergänzt durch den Komfort der Neuen Welt, bestimmte Gerichte auf der Speisekarte findet man allerdings nur auf der Insel. Während Klassiker wie Croissants, Cappuccino und Eier Benedict die Frühstückstische in aller Welt »kolonialisiert« haben, gibt es nur wenige Nationen, die sich für ein typisch englisches Frühstück begeistern können. In Großbritannien hingegen wäre ein Café ohne ein »Full English Breakfast« gar nicht denkbar. Es gibt viele Gründe, warum sich das englische Frühstück im Rest der Welt nicht durchsetzen konnte. Dies beginnt bereits bei der Zubereitung, die zwar nicht besonders aufwendig, dafür aber knifflig ist. Alles gleichzeitig fertig auf den Teller zu bekommen, ist eine Kunst. Ein gutes englisches Frühstück muss individuell angepasst werden, und wenn Sie es zu Hause zubereiten möchten, wird Ihre Küche hinterher wie nach einer Bombardierung aussehen.

Doch das ist nicht der einzige Grund, warum Nichtbriten das englische Frühstück oft etwas misstrauisch beäugen. Auch die reichliche Verwendung von Schweinefleisch schreckt so manch einen ab. Kaum eine andere Kultur verzehrt derart viel tierische Fette zum Frühstück. Stattdessen konzentriert man sich im Allgemeinen lieber auf Müsli, Backwaren und Obst. Die fleischlastige englische Frühstücksvariante scheint mehr zu sein, als die kohlenhydratgewöhnten Mägen anderer Nationen zu vertragen vermögen.

Der gewaltige »Kaumarathon« eines englischen Frühstücks scheint vor allem Angelsachsen anzusprechen. Wir dagegen betrachten den Frühstücksteller mit einem Lächeln, er ist ein Spiegel unserer Seele.

Und ein letzter Grund, warum die meisten Nichtbriten das englische Frühstück wahrscheinlich noch nicht für sich entdeckt haben, ist das bleierne Verlangen, das fast schon zwanghafte Bedürfnis, sich nach einem solchen Frühstück wieder schlafen zu legen.

Als ich einmal mit einem italienischen Bekannten frühstücken war, betrachtete er erstaunt seinen Teller. »Aha«, meinte er. »Hierher ist also das Abendessen verschwunden? Meine Gastgeber hier in England haben mir gestern zum Abendessen nur ein Brot mit warmem Käse und eine Tasse Tee serviert. Das wäre ja eigentlich eher ein Frühstück gewesen. Vermutlich verlieren die Engländer den Überblick über ihre Mahlzeiten, weil sie hier die Sonne so selten zu Gesicht gekommen!«

Zum englischen Frühstück im »Wolseley« gehören Speck, Wurst, gebackene Bohnen, Tomaten, *Black Pudding* (Blutpudding; eine Fleischspeise aus gebackenem Schweineblut) und Pilze mit Eiern – gebraten, pochiert oder als Rührei. Aus meiner Sicht fehlt geröstetes Brot. Die Bohnen halte ich hingegen für überflüssig. Meiner Meinung nach sind sie ein unnötiger Zusatz, eher geeignet für Lastwagenfahrer auf Autobahnraststätten. Bohnen in Tomatensauce haben sich erst in jüngerer Zeit durchgesetzt, sie kommen aus Amerika – eine Cowboy-Mahlzeit, die während der industriellen Revolution im 19. Jahrhunderts in Dosen abgefüllt nach England gelangte.

Beim *Black Pudding* handelt es sich um die kleinere Lancashire-Variante und nicht um die wagenradgroßen Blutwursterzeugnisse aus Schottland und Irland oder gar die köstliche *Boudin* (Blutwurst) aus Frankreich.

Wie der Blutpudding entstand, ist nicht eindeutig geklärt. Vermutlich ist er so alt wie der Vorgang des Schlachtens an sich. Bei Homer wird eine Magenwurst aus Blut und Fett erwähnt, die über Feuer gebraten und von Achill verzehrt wurde. Auch wenn das englische Wort für »Wurst«, *Sausage*, auf *Salis*, den lateinischen Begriff für »Salzen, Konservieren« zurückgeht, ist das Besondere an der britischen Wurst, dass sie – anders als andere Würste – nicht nur zu dem Zweck hergestellt wurde, ansonsten ungenießbare Teile vom Schwein zu konservieren. Im restlichen Europa ähneln Würste meist Salamis. Zwar hat man auch in Deutschland eine ganze Reihe von Würsten erfunden, die gegrillt oder gebraten werden, doch an den aromatischen Geschmack frischer britischer Schweinswürste reichen sie meiner Meinung nach nicht heran. Allerdings kann niemand behaupten, beim Thema »Wurst« wirklich unparteiisch zu sein. Schließlich sind wir den Wurstwaren aus unseren Kindertagen auf ewig verpflichtet und verbunden. Und so sind wir Engländer allesamt Kreuzfahrer auf der Suche nach der perfekten Wurst, die der geheimnisvollen dunklen Köstlichkeit gleicht, die wir von den Picknicks unserer Kindertage kennen. Und so kann ich nur eines raten: Verwickeln Sie einen Engländer niemals in einen Streit über das Thema »Wurst«. Denn ein Ergebnis oder ein Ende wäre in diesem Fall nicht abzusehen. Was ich persönlich beispielsweise am meisten vermisse, ist, dass Würste nicht mehr wie früher aufplatzen. Denn eine Wurst so zu sehen, ist für mich eine besondere Freude: Geht bei der Zubereitung etwas schief, wird die Wurst durch einen großen Riss in der Seite schön knusprig und verkohlt.

Das wahre »Nationalheiligtum« eines englischen Frühstücks ist jedoch der Frühstücksspeck. Dass der Bacon wirklich eine englische Erfindung ist, wird vermutlich selbst britische Gourmets überraschen. Zwar haben auch die Deutschen ihren Speck, die Italiener ihre *Pancetta* und die Franzosen ihre *Poitrine*, doch keine dieser Specksorten wird am Knochen gesalzen und aufgeschnitten oder nur leicht geräuchert und gebraten. Überall auf der Welt wird Bacon nach englischem Rezept hergestellt. Der Großteil des in England verkauften Bacons stammt aus Dänemark oder Holland, doch im Grunde genommen ist er ein englisches Produkt. Das große weiße Yorkshire-Hausschwein ist das ursprüngliche Bacon-Schwein. Um den englischen Frühstücksgewohnheiten entgegenzukommen, haben die Dänen eine Landrasse mit einem langen Rücken gezüchtet. Eine Kreuzung dieser beiden Rassen ist inzwischen die in der Bacon-Produktion am häufigsten genutzte Rasse.

Im 18. und im 19. Jahrhundert ernährte sich ein Großteil der englischen Bevölkerung von Speckscheiben, dicken Brotstullen und vielen Tassen Tee. So ernährte Speck das Empire an die 100 Jahre lang. In den meisten Küchen stand in früherer Zeit eine große gusseiserne Pfanne am Herdrand. Geputzt wurde sie selten, nur hie und da schöpfte man Fett ab, das dann in einem Tontopf neben dem Ofen aufbewahrt wurde. Das Speckfett strich man sich aufs Brot. Fett und Schmalz waren die traditionellen Kochfette der englischen Küche. Bis zum Ersten Weltkrieg wurde der Bacon trocken gepökelt, doch der Bedarf der Armee war derart groß, dass man damit begann, mit Salzwasser zu pökeln. Allein das »Wolseley« serviert im Monat 15.000 Speckstreifen.

Der kalifornische Frühstückskoch des »Wolseley« jongliert mit den Zutaten, während ein anderer Koch gerade die Brioche-Scheiben für die French Toasts in die Eiermischung taucht und Pfannkuchen backt. Dahinter befinden sich sechs Speiseaufzüge.

Nun ist alles bereit. Alle sind ruhig und warten an ihren Stationen darauf, dass sich die Türen öffnen. Bestellungen kommen via Remanco bzw. über eine quietschende Sprechanlage in die Küche. Sie sind hier die einzigen Verbindungen zur Welt des Tageslichts.

Wenn das Restaurant gut besucht ist, flattern die Bestellungen kontinuierlich herein. Sie werden doppelt ausgedruckt, der Küchenchef liest sie laut vor und klemmt eine davon über den Pass, wo sie erst abgenommen werden, wenn die jeweilige Bestellung nach oben geschickt worden ist.

»Ein doppeltes Benny. Ein Englisches ohne Blutpudding. Einmal Rührei mit geräuchertem Schinken sowie Toast. Ein Käseomelett, gut durchgebraten, zwei Pfannkuchen. Wo sind die pochierten Eier für diese Bestellung?«

Ein in der Küchensprache als *Plongeur* bezeichneter Tellerwäscher schiebt im Overall einen Besen durch den schmalen Gang zwischen den Stationen. Das Gefährlichste in einer Küche sind nicht die Messer, der brennende Herd oder heißes Öl, sondern der nasse, glitschige oder klebrige Boden. Bereits eine heruntergefallene Kartoffelscheibe, eine Gemüseschale oder eine Kiste mit Krebsen kann folgenschwere Unfälle verursachen. Und die meisten beginnen am Boden! Der Besen hinterlässt lange Streifen auf den Fliesen. Der Küchenchef zeigt auf Küchenabfälle in einer Ecke. Hinter ihm eilen zwei Hilfsköche heran, die einen riesigen Topf mit Brühe tragen. Das Safranöl auf der Oberfläche schwappt hin und her, als wolle es über den Topfrand in die Freiheit entfliehen.

Das Gesicht des *Plongeurs* ist in weiß getünchten Missmut gemeißelt. Er verrichtet seinen Job mit langsamer Bedächtigkeit. Beim Putzen hat Eile keinen Sinn.

Die Spülstation befindet sich gleich neben der Küche – ein Raum voller Stapel aus Aluminium, Kupfer, Keramik, Stahl und Silber. Während die Küche eine Welt voller Gemüse und Fleisch ist, die von Sonne und Leben künden, ist dies ein Ort der Mineralien und Metalle. Der kleine Raum erscheint wie die Antithese von Genuss und Gastfreundlichkeit. Der Tellerwäscher spritzt Teller ab und wischt halb gegessenes Essen in Mülleimer. Die Luft ist geschwängert mit heißem Dampf. Es riecht nach aufgeweichtem Essen, Spül- und Desinfektionsmitteln und nassen Lappen. Der Spülbereich steht allerdings auch für Neubeginn. Zusammen mit den Bergen an abgewaschenen Tellern haben die hier arbeitenden Menschen im Lauf kultureller und politischer Wirren Kriege, Hungersnöte, Katastrophen und Missgeschicke hinter sich gelassen. Die großen Spülbecken, in denen man ertrinken könnte, sind seit Generationen von Tellerwäschern Taufbecken eines neuen Lebens. Sie sind die Küsten der Einwanderung, an denen sich die Gezeiten des Bevölkerungswandels dieses Landes verfolgen lassen.

So kamen republikanische Spanier und hungernde Süditaliener hierher, um ihre kommunistischen Lieder zu singen. Von den 1950er- bis in die 1990er-Jahre arbeiteten hier Menschen aus der Karibik, aus Bengalen, Somalia und Nigeria sowie schlaksige Polen – alle mit der gleichen Mischung aus Erleichterung und einem tief verwurzelten, unbeugsamen Ehrgeiz.

Im Restaurant ist Abwäscher der Job mit den größten Perspektiven. Es ist der erste Schritt, der Augenblick, in dem der Erschöpfte und Mittellose Luft holt und in ein neues Leben tritt.

Englisches Frühstück

Für 4 Personen

etwas Pflanzenöl zum Braten und/oder Grillen
4 kleine dicke Schweinsbratwürstchen
8 Streifen geräucherter Frühstücksspeck (Bacon) vom Rücken (ohne Schwarte)
4 große reife Tomaten, halbiert
4 große Eier, als Spiegeleier (siehe S. 61), pochiert (siehe S. 57) oder als
*   Rühreier (siehe S. 55) zubereitet*
etwas Butter zum Braten und/oder Grillen und für die Rühreier
4 dicke Scheiben Blutpudding (ohne Haut)
1 Dose gebackene Bohnen (ca. 400 g)
400 g Champignons, je nach Größe in Scheiben geschnitten oder halbiert
8 Scheiben Toast zum Servieren
etwas Brown Sauce (britische Würzsauce) zum Servieren

Würste und Tomaten können entweder in Pflanzenöl in der Pfanne scharf angebraten oder leicht mit Öl bepinselt bei mittlerer Hitze gegrillt werden (im »Wolseley« werden sie gegrillt). Zunächst Würstchen 10 bis 15 Minuten anbraten oder grillen, dabei drei- bis viermal wenden. Speck etwa 6 Minuten garen, dabei nach 3 Minuten wenden. Tomaten zugeben und mit der Schnittfläche nach unten braten. Inzwischen die Eier als Spiegeleier, pochierte Eier oder Rühreier zubereiten. Blutpudding garen und die Bohnen in einem Topf erwärmen. Pilze in einer Pfanne in etwas Butter und Öl bei mittlerer bis starker Hitze anschwitzen, bis sie schön gebräunt sind, regelmäßig umrühren.

Kurz vor dem Servieren den Toast rösten. Alles zusammen auf vorgewärmten Tellern anrichten und mit geröstetem Toast servieren. Brown Sauce dazu reichen.

Verfügen Sie nicht über genügend große Pfannen oder keinen großen Grill, eine große Auflaufform in den Backofen stellen und den Ofen auf 150 °C vorheizen. Die fertig gebratenen bzw. gegrillten Zutaten unabgedeckt in die Auflaufform geben und bis zum Servieren im vorgeheizten Ofen warm halten. Fleisch und Tomaten lassen sich auch in einem auf 200 °C vorgeheizten Ofen braten. Die Würste benötigen dabei je nach Größe 30 bis 45 Minuten, der Speck und die Tomaten etwa 15 bis 20 Minuten und der Blutpudding braucht im Ofen 10 bis 15 Minuten.

Italienisches Frühstück

Diese Version eines warmen Frühstücks eignet sich perfekt zum Essen im Freien und lässt sich – abgesehen von den Spiegeleiern – gut im Voraus zubereiten.

Für 2 Personen

1 Ciabatta-Brötchen
etwas Olivenöl extra vergine zum Beträufeln
150 g frische oder tiefgekühlte Steinpilze
200 g Kirschtomaten
Meersalz
frisch gemahlener Pfeffer
etwas Butter zum Braten
¼ Knoblauchzehe, zerstoßen
1 TL glatte Petersilie, gehackt
4 Eier

Backofengrill vorheizen. Ciabatta-Brötchen längs halbieren. Jede Hälfte mit etwas Olivenöl beträufeln und unter dem vorgeheizten Backofengrill leicht goldbraun grillen. Backofen auf 225 °C vorheizen.

Frische Steinpilze putzen, jedoch nicht unter Wasser waschen, da sie sonst an Aroma verlieren. Tiefgekühlte Steinpilze in einem Sieb abtropfen lassen.

Die Kirschtomaten waschen, trocken tupfen, auf ein mit Backpapier ausgelegtes Blech legen, mit Olivenöl bestreichen und mit Salz und Pfeffer würzen. Die Tomaten im vorgeheizten Backofen etwa 4 Minuten backen, bis die Haut Blasen wirft und leicht gebräunt ist.

Etwas Butter mit etwas Olivenöl in eine Pfanne geben und bei geringer Hitze zerlassen. Die Steinpilze zugeben und die Hitze nach und nach erhöhen, sodass die Pilze langsam braun werden. Mit wenig Knoblauch und gehackter Petersilie würzen und mit Meersalz und Pfeffer abschmecken.

Die Eier in einer Pfanne mit etwas Butter und Olivenöl zu Spiegeleiern braten. Tomaten, Pilze und Eier zu den gegrillten Ciabatta-Hälften servieren.

KNUSPRIGES BACON-EI-BRÖTCHEN

Für 2 Personen

10 Streifen gekochter durchwachsener Speck (Bacon)
etwas Pflanzenöl zum Braten
1 knapper TL Butter zum Braten, 2 Eier
2 bemehlte Burgerbrötchen, halbiert

Backofengrill vorheizen. Speck in eine flache Auflaufform legen und unter dem vorgeheizten Backofengrill auf beiden Seiten in jeweils 2 Minuten goldbraun grillen.

Eine kleine Pfanne erhitzen, einige Tropfen Öl und Butter hineingeben, die Eier aufschlagen und langsam in die Pfanne gleiten lassen, damit die Spiegeleier möglichst klein werden. Eier zu Spiegeleiern braten. Die Pfanne sollte beim Braten der Eier nicht zu heiß werden, damit das Fett nicht spritzt und die Eier nicht anbrennen.

Speck auf die unteren Brötchenhälften legen und obenauf jeweils 1 Spiegelei setzen. Obere Brötchenhälften daneben anrichten, damit das Eigelb nicht ausläuft, und servieren.

Bacon kaufen

Es gibt drei Arten von Bacon: Back *(vom Rücken),* Middle *(aus der Seite) und* Streaky *(durchwachsen). Rückenspeck eignet sich gut für Sandwiches, der durchwachsene Speck ist ideal für ein warmes Frühstück. Damit sich die Streifen beim Grillen nicht zusammenziehen, schwartenlosen Speck kaufen. Er sollte zudem leicht geräuchert sein.*

Der Speck sollte einen gewissen Fettanteil haben, aber auch nicht allzu fett sein. Lesen Sie die Angaben auf dem Etikett, achten Sie auf die Größe der Streifen und die Dicke der Fettschicht und darauf, ob eine Schwarte vorhanden ist oder nicht. Der Middle*-Bacon ist fleischiger und muss vorsichtig gebraten werden, damit die Streifen dabei nicht zu trocken werden.*

Zudem gibt es fünf verschiedene Arten von konserviertem Bacon: den traditionellen Wiltshire-Bacon, geräucherten Bacon, mit Zucker, mit Ahornsirup oder trocken gepökelt (am einfachsten mit Meersalz und braunem Zucker). Die Aromen reichen von rauchig und salzig bis zu süß und dezent.

Haggis und Enteneier

Für 2 Personen

etwas Pflanzenöl zum Braten
etwas Butter zum Braten
2 Scheiben Weißbrot, entrindet
1 Dose Haggis (ca. 400 g),
* in 1,5 cm dicke Scheiben geschnitten*
Salz, frisch gemahlener Pfeffer
4 Enteneier

Für die Sauce
50 ml Whisky
200 ml Rinder- oder
* Hühnerfond*
50 ml Brown Sauce
* (britische Würzsauce)*
20 g Butter, gewürfelt

Ein Tablett mit Küchenpapier auslegen. Öl in einer Pfanne erhitzen. Sobald es heiß geworden ist, etwas Butter zugeben und zerlassen. Das Brot darin auf beiden Seiten goldbraun anbraten. Herausnehmen und auf dem vorbereiteten Küchenpapier abtropfen lassen.

Haggis-Scheiben auf einem Stück Backpapier in die Pfanne legen. Das Backpapier sorgt dafür, dass sie nicht ankleben und sich leichter aus der Pfanne lösen lassen. Haggis auf dem Backpapier braten und vor und nach dem Wenden mit Salz und Pfeffer würzen. Haggis aus der Pfanne heben und auf die Brotscheiben setzen. 30 Sekunden ruhen lassen und Haggis-Brote auf vorgewärmten Tellern anrichten.

Etwas Butter in zwei Pfannen zerlassen, die Enteneier vorsichtig aufschlagen und hineingleiten lassen. Die Pfannen dürfen nicht zu heiß werden, da die Eigelbe sonst aufplatzen und auslaufen. Eier bei geringer Hitze braten, bis zuerst das Eiweiß, dann das Eigelb fest wird. Eier vorsichtig mit einem Spatel aus den Pfannen heben und auf die Haggis-Scheiben setzen.

Für die Sauce Whisky in einem kleinen Topf zum Kochen bringen. Um die Hälfte einkochen lassen, den Fond angießen und ebenfalls zur Hälfte einreduzieren lassen. *Brown Sauce* zugeben und Butter mit einem Schneebesen unterrühren. Die einreduzierte Sauce rund um die Haggis-Enteneier-Brote verteilen und die Brote servieren.

GEGRILLTE RÄUCHERHERINGE
MIT SENFBUTTER

Das »Wolseley« serviert nur die besten Räucherheringe aus der berühmten »Severn and Wye Smokery« in Gloucestershire.

Für 4 Personen

4 Räucherheringe
2 unbehandelte Zitronen, halbiert

Für die Senfbutter
75 g Dijon-Senf
75 g körniger Senf
250 g zimmerwarme Butter

Für die Senfbutter beide Senfsorten in eine Rührschüssel geben und mit einem Handrührgerät sorgfältig mit der Butter vermischen. Die Senfbutter stangenförmig in ein Stück Alufolie einrollen, die Enden der Alufolie wie bei einem Bonbonpapier eindrehen. Die Senfbutter im Tiefkühlfach kurz fest werden lassen.

Backofengrill auf knapp über mittlerer Hitze vorheizen und die Heringe 5 bis 10 Minuten unter dem vorgeheizten Backofengrill grillen, bzw. bis sie leicht Farbe angenommen haben.

Jeweils 1 Räucherhering auf einem Teller anrichten, mit je 2 dicken Scheiben Senfbutter belegen und mit je 1 Zitronenhälfte servieren.

GERÄUCHERTE SCHELLFISCHKÜCHLEIN
MIT POCHIERTEN EIERN

Für 4–6 Personen

250 ml Milch
250 g geräucherter Schellfisch (Haddock)
1 Zwiebel, 3 Lorbeerblätter, 2 Gewürznelken
125 g Räucherlachs, in Streifen geschnitten
125 g festkochende Kartoffeln, gekocht und gepellt
125 ml Mayonnaise, 25 g Kapern, 15 g Dill, fein gehackt
75 g Schalotten, fein gehackt, Saft von 1 Zitrone
200 g Panko-Mehl (japanisches Paniermehl aus Brotkrumen)
etwas Pflanzenöl zum Braten, 3 Eigelb und 4–6 Eier
1 Spritzer Weißweinessig
etwas Sauce hollandaise (siehe S. 58 f.)
20 g Schnittlauch, gehackt, zum Bestreuen

Milch in einen Topf geben und erhitzen, bis sie sanft köchelt. Schellfisch zusammen mit Zwiebel, Lorbeerblättern und Nelken etwa 5 Minuten in der Milch pochieren, bis er sich leicht zerpflücken lässt. Fisch mit einem Schaumlöffel herausnehmen, Fleisch zerpflücken und in eine Rührschüssel geben. Abkühlen lassen.

Restliche Zutaten – mit Ausnahme der Hälfte des Panko-Mehls, des Öls, der ganzen Eier, des Essigs und des Schnittlauchs – zum Fisch geben, alles vermengen und die Mischung mindestens 30 Minuten ruhen lassen.

Übriges Panko-Mehl auf einen tiefen Teller geben. Aus der Fischmasse Küchlein à 75 Gramm formen und im Panko-Mehl wenden. In einer großen Pfanne etwas Pflanzenöl erhitzen und Fischküchlein darin braten, bis sie auf beiden Seiten schön gebräunt und durchgegart sind (eventuell in mehreren Portionen oder in zwei Pfannen).

Eier mit dem Essig wie auf Seite 57 beschrieben pochieren und Sauce hollandaise wie auf Seite 58 f. beschrieben zubereiten. Die pochierten Eier auf den Fischküchlein anrichten, etwas Sauce hollandaise darübergeben und mit gehacktem Schnittlauch bestreut servieren.

LAMMNIEREN MIT MADEIRA

Für 4 Personen

8 Lammnieren
etwas Milch zum Einlegen
2 EL Weizenmehl und etwas Mehl zum Wenden
Salz
frisch gemahlener Pfeffer
50 g Butter
2 große Schalotten, fein gehackt
200 ml Hühnerfond, erhitzt
2 EL Madeira
nach Belieben 2 EL Crème double
einige Toast-Dreiecke zum Servieren
etwas Petersilie, gehackt, zum Bestreuen

Lammnieren in eine Schüssel legen. So viel Milch zugeben, dass sie gerade bedeckt sind, und 1 bis 2 Stunden ruhen lassen. Lammnieren in ein Sieb abgießen und von der äußeren Haut befreien, halbieren und Röhren entfernen.

Etwas Mehl mit Salz und Pfeffer würzen und Nierenhälften darin wenden. Überschüssiges Mehl abschütteln.

Butter in einer großen, schweren Pfanne zerlassen und Nieren darin etwa 6 Minuten unter Wenden anschwitzen. Mit einem Schaumlöffel in eine vorgewärmte Schüssel heben.

Gehackte Schalotten in die Pfanne zur Butter geben und goldbraun anbraten. Mehl hinzufügen und langsam den heißen Fond angießen. Mit Salz und Pfeffer abschmecken, die Nieren und den Madeira in die Pfanne geben und etwa 3 Minuten köcheln lassen.

Nach Belieben Crème double einrühren und die Nieren auf Toast-Dreiecken anrichten. Mit gehackter Petersilie bestreuen und servieren.

CRÊPES MIT SPIEGELEI, KÄSE UND BACON

Für 4 Personen

Für die Crêpes
375 ml Milch
1 kleines Ei
65 g Buchweizenmehl
250 g Weizenmehl (Type 550)
etwas Sonnenblumenöl zum Braten

Für die Füllung
4 große Eier
8 Scheiben gekochter Ayrshire-Bacon oder anderer Frühstücksspeck
100 g geriebener Gruyère

Die flüssigen Zutaten für die Crêpes in einer Schüssel behutsam mit den gesiebten trockenen Zutaten vermengen. Etwas Wasser einrühren, um einen flüssigeren Teig zu erhalten.

Backofen auf niedriger Temperatur vorheizen. Den Boden einer Crêpe-Pfanne mithilfe von Küchenpapier leicht mit Öl einfetten. Bei mittlerer bis starker Hitze erwärmen und eine großzügige Schöpfkelle Crêpe-Teig hineingeben. Die Pfanne hin- und herschwenken, damit sich der Teig gleichmäßig auf dem Pfannenboden verteilt. Sobald der Teig fest zu werden beginnt und sich kleine Bläschen bilden, vom Herd nehmen. Auf dieselbe Weise noch drei weitere Crêpes zubereiten. Die fertigen Crêpes währenddessen in einer mit Alufolie ausgelegten ofenfesten Form im Ofen warm halten.

Jeweils nacheinander ein Crêpe in eine leicht eingeölte Pfanne geben, je 1 Ei aufschlagen und in die Mitte des Crêpes setzen und den Bacon um den Rand legen. Ist das Ei fertig gegart, mit Käse bestreuen und die Ränder des Crêpes nach innen zu einem Päckchen einschlagen. Weitere 3 bis 4 Minuten braten und sofort servieren.

WAFFELN
MIT KARAMELLISIERTEN BANANEN

Im »Wolseley« werden Waffeln nach diesem Rezept oder einfach nur mit Ahornsirup oder zusätzlich mit gegrillten Speckstreifen serviert. Für Schokowaffeln können Sie der Butter etwas geschmolzene Schokolade zufügen und für Käsewaffeln geriebenen Käse. Häufig wird der Waffelteig auch mit Vanille und Zimt aromatisiert. Für die Zubereitung benötigen Sie ein Waffeleisen.

Für ca. 8 Stück

275 g Weizenmehl, 1 große Prise Salz
1 EL Zucker, 4 TL Backpulver
2 große Eier, verschlagen
85 g Butter, zerlassen, 275 ml Wasser
etwas neutrales Öl für das Waffeleisen und die Form
8 Bananen, etwas Puderzucker zum Bestäuben
nach Belieben etwas Ahornsirup oder Crème fraîche zum Servieren

Mehl, Salz, Zucker und Backpulver in eine große Rührschüssel sieben. In der Mitte eine Mulde formen, Eier hineingeben und nach und nach mit der Mehlmischung vermengen, dabei die zerlassene Butter untermischen. Gerade so viel Wasser einrühren, dass ein glatter, aber fester Teig mit der Konsistenz von Crème double entsteht.

Backofen auf niedriger Temperatur vorheizen. Ein Waffeleisen auf ein Tablett stellen, um eventuell überlaufenden Teig aufzufangen, das Waffeleisen aufheizen und mithilfe eines Pinsels mit Öl einfetten. Eine großzügige Schöpfkelle Teig hineingeben. Waffeln etwa 10 Minuten im vorgeheizten Waffeleisen backen. Die fertigen Waffeln jeweils in einer mit Alufolie ausgelegten Auflaufform warm halten.

Für die karamellisierten Bananen den Backofengrill vorheizen. Bananen schälen, längs halbieren, in eine mit neutralem Öl eingefettete Auflaufform legen und großzügig mit Puderzucker bestäuben. Unter dem vorgeheizten Backofengrill grillen, bis die Bananen goldbraun sind. Die Waffeln auf Tellern anrichten, die Bananen darauflegen und die Waffeln mit Puderzucker bestäuben. Nach Belieben Ahornsirup oder Crème fraîche darübergeben.

OBST UND
CEREALIEN

N eben dem Pass in der Küche befindet sich der Bereich für die Aufzüge, die zum Speisesaal hinaufführen. Hier arbeitet ein selbstbewusster, energischer Ägypter, der sich lautstark mit der blechern scheppernden Gegensprechanlage unterhält. An dieser Stelle steht auch die Kaffeemaschine des Restaurants, wo der Schaum der bestellten Cappuccinos ein Muster erhält, das dem Blatt eines neuseeländischen Farns ähnelt und kunstvoll durch die aufgeschäumte Milch entsteht, die in die Tasse gegossen wird. Obenauf bekommt der Cappuccino einen Streifen aus Kakaopulver – eine ziemlich unitalienische Abwandlung. Hier oben entstehen auch Säfte und alle Frühstücksgerichte, die nicht gebraten oder gekocht werden müssen: Obstsalate, Toasts, Müsli und andere Cerealien.

Letztere stehen wie kaum ein anderes Nahrungsmittel für die moderne Welt des Frühstücks. Erfunden wurden sie in den USA. Das Puffen, Aufbrechen, Pressen, Formen, Färben und Zuckern von Weizen und Reis mithilfe industrieller Verfahren diente schon bald einer Arbeiterschaft, die ihrerseits von der Industrialisierung geformt wurde, als Frühstück. Ballaststoffreich, puristisch und unkompliziert, waren Cerealien eine moderne Alternative zu den Grützen und Porridges, mit denen die amerikanischen Immigranten einst ihren Tag begannen. Ein Frühstück aus getrockneten Cerealien mit einer gesunden Tasse Milch war nicht nur bequem, sondern auch praktisch und ein Symbol für das Neue – den Glauben an die Zukunft.

Die Schüssel Cerealien stand sinnbildlich für ein neues Frühstücksstereotyp: In der morgendlichen Hektik setzte sich die Familie nicht mehr gemeinsam zum Essen an den Frühstückstisch. Stattdessen hetzte man durch die Küche und schnappte sich eilig Schachteln und Schüsseln, um das zeitsparende Frühstück ebenso schnell zu verspeisen. Schließlich galt es, den Bus oder die Bahn zu erreichen, um rechtzeitig in der Schule oder im Büro anzukommen. Die Cerealien waren die Vorboten eines effizienten, von Terminen diktierten Lebens, eine Nahrung, die den Konsumenten der Pflicht zur Konversation am Frühstückstisch enthob. Man konnte sie im Stehen zu sich nehmen, sie ganz für sich alleine essen, aus Plastikschalen löffeln und man musste sich dabei an keinerlei Etikette halten. Sie versinnbildlichten den Platz des Menschen in einer neuen Welt.

Zudem boten Cerealien einen Ausweg aus der bedrückendsten Angst des neuen Zeitalters – der Angst vor dem Altern. Die Erfindung der Cornflakes durch den Diätspezialisten John Harvey Kellogg zur Zeit der Wende zum 20. Jahrhundert basierte beispielsweise auf einem wachsenden Bewusstsein für die Bedeutung der Verdauung und der Gesundheit, insbesondere der Darmgesundheit. Frühstückscerealien gehörten zu den ersten Nahrungsmitteln, die vorgeblich nur zum Nutzen des Konsumenten erfunden wurden: Der Genuss war zweitrangig. Zudem wurden sie – anders als frühere Frühstücksklassiker – nicht für die Zubereitung in der eigenen Küche, sondern speziell für die industrielle Produktion entwickelt. Kellogg gründete seine Firma für geröstete Cornflakes im Jahr 1906. Im selben Jahr ersetzte Coca-Cola das Kokain in der Cola durch Koffein. In Amerika wurde die erste Rundfunksendung ausgestrahlt, die vorerst nur von den Funkoffizieren auf Schiffen gehört werden konnte. Ibsen starb und Samuel Beckett wurde geboren. Paul Cézanne malte *Der Gärtner Vallier*, in San Francisco kam es zu einem großen Erdbeben, und der österreichische Kinderarzt Clemens von Pirquet prägte den Begriff »Allergie«.

Cerealien wurden zu einem essbaren Symbol für das Leben, wie wir es heute führen. Cerealien sind nicht das einzige Nahrungsmittel, doch allerdings das erste, das eigens dafür entwickelt wurde, es möglichst schnell zu verzehren. Eine Nahrung, die uns jeden Morgen aufs Neue suggeriert, zu spät dran zu sein, die uns unterschwellig vermittelt, dass Essen nicht die oberste Priorität im Leben hat, sondern nur der Kraftstoff ist, der uns leistungsfähiger macht.

Zudem markiert das Jahr 1906 einen Wendepunkt im Hinblick auf den Zweck und das Hauptaugenmerk beim Essen. Kaum hatten die Funkoffiziere das Interesse an Rundfunksendungen verloren, schon entstand die Idee, die neu entwickelten Radiogeräte zu Werbezwecken zu nutzen. So wurden sie dazu eingesetzt, Mütter davon zu überzeugen, dass Kinder ein speziell auf die Kleinsten ausgerichtetes Frühstück benötigten, das sich wesentlich von dem eines Erwachsenen unterschied. Bis dahin waren Kleinkinder üblicherweise mit der Nahrung von Erwachsenen von der Muttermilch entwöhnt worden. Doch Cerealien ermöglichten eine ausgedehnte Palette an speziell für Kinder entwickelten Erzeugnissen. Die Entdeckung der ersten Vitamine Anfang des 20. Jahrhunderts kam da gerade recht. Und so wurden den Kindercerealien spezielle Vitamine und Mineralstoffe zugesetzt.

Die Müslis und Granolas auf der Theke des »Wolseley« wirken wie eine Alte-Welt-Version des neuweltlichen Originals. So ist beispielsweise das Birchermüsli eine Reprise der durchweichten, klebrigen Cerealien von einst. Ich persönlich habe Schwierigkeiten damit, Cerealien in einem Restaurant zu bestellen. Denn der Verzehr von Cerealien hat für mich etwas Privates, schon fast Intimes. Für mich sind sie etwas, das man zu Hause mit offenem Bademantel isst, während man sinnierend aus dem Fenster blickt.

Dazu gibt es Joghurt, ein Nahrungsmittel, das der englische Schriftsteller Evelyn Waugh einst so einprägsam und treffend mit den Worten beschrieb: »Er schmeckte so widerlich, dass er einfach gesund sein musste.« Joghurt ist ein Produkt, dessen Image sich im Lauf der Zeit von der »sauren Schwiegermutter des Käses« zum »Gesundbrunnen im Becher« gewandelt hat. So wird behauptet, dass Joghurt aus »abgestandener« Ziegenmilch den Cholesterinspiegel zu senken vermag. Joghurt kann Sodbrennen lindern, beim Abnehmen helfen und, äußerlich angewandt, Soor lindern. Zudem kann er glänzender Bronze eine schöne, alt wirkende, matte Patina verleihen. Während er Deko-Objekte vorzeitig altern lässt, ist er für uns Menschen ein wahres Elixier der Vitalität und Jugendlichkeit.

Backpflaumen-Holunderblüten-Kompott

Kompott besteht aus frischen oder getrockneten Früchten, die kurz in einem leichten Sirup gekocht – oder, wie in diesem Rezept, getränkt – werden. Im Gegensatz zu gedünstetem Obst werden die Früchte normalerweise ganz oder in großen Stücken verarbeitet. In alten Kochbüchern findet man den synonym zum Begriff »Kompott« verwendeten Ausdruck »composts«. Beide Begriffe stammen vom französichen *composer* (zusammenstellen), doch als der Begriff »Kompost« vermehrt von Gärtnern verwendet wurde – mit all den damit einhergehenden Assoziationen –, ersetzte in kulinarischen Kreisen der Begriff »Kompott« mit der Zeit die frühere Bezeichnung.

Für 4 Personen

350 g Backpflaumen
100 ml Wasser und etwas Wasser zum Einweichen der Pflaumen
50 g feiner Zucker
5 EL Holunderblütenlikör
nach Belieben Zesten von 1 unbehandelten Orange zum Garnieren
etwas Joghurt zum Servieren

Backpflaumen etwa 20 Minuten in einer Schüssel mit heißem Wasser einweichen.

Inzwischen Zucker und Wasser in einen kleinen Topf geben und unter Rühren sanft erhitzen, bis sich der Zucker vollständig aufgelöst hat und ein leichter Sirup entstanden ist.

Backpflaumen in ein Sieb abgießen und in einer Schüssel sorgfältig mit dem Sirup und dem Holunderblütenlikör vermischen.

Das Kompott nach Belieben mit Orangenzesten garnieren und zusammen mit dem Joghurt servieren.

BIRCHERMÜSLI

Für ca. 4 Personen

*125 g trockene Müslimischung (ungesüßtes Fertigprodukt oder Mischung aus
Haferflocken und anderen Getreideflocken wie Weizen oder Roggen bzw. nur
Haferflocken)*
2 EL flüssiger Honig und etwas Honig (oder Ahornsirup) zum Süßen
30 g ungesüßte getrocknete Cranberrys oder Kirschen
25 g Sultaninen, 25 g gemahlene Haselnüsse
250 ml Milch, 125 ml Crème double
je 1 Apfel und 1 Birne, geraspelt
*nach Belieben etwas Joghurt, einige frische oder getrocknete Beeren oder
Feigenscheiben zum Servieren*

Alle Müslizutaten in einer Schüssel vermischen. Mindestens 1 bis 2 Stunden, am besten über Nacht, in den Kühlschrank stellen, damit die Getreideflocken die Flüssigkeit aufnehmen. Ist die Mischung zu trocken, nach Belieben etwas Milch unterrühren.

Mit Honig oder Ahornsirup süßen und nach Belieben mit etwas Joghurt und/oder gewaschenen, trocken getupften Beeren oder Feigenscheiben servieren.

Anmerkung
*Wenn Sie das Birchermüsli allein oder zu zweit essen wollen, mischen Sie nur das
Müsli, die Trockenfrüchte und die Nüsse. Am Abend dann jeweils eine Portion für
den nächsten Morgen vorbereiten. Dazu etwas Honig, Milch, Crème double und
frische Früchte einrühren. Auch wenn die flüssigen Zutaten bereits untergemischt
sind, hält sich das Birchermüsli mehrere Tage. Nach zwei Tagen ist jedoch so viel
Flüssigkeit absorbiert, dass man etwas mehr Milch unterrühren muss.*

Varianten
Für das Birchermüsli können Sie alle Sorten von Trockenfrüchten verwenden –
Rosinen oder Backpflaumen, getrocknete Äpfel, Aprikosen, Bananen, Datteln, Birnen,
Mangos oder Ananas. Ebenfalls gut geeignet sind gehackte oder geriebene Para-,
Pekan-, Kokos- oder Walnüsse sowie Samen wie Sesam oder Sonnenblumenkerne.

GRANOLA

Granola ist im Grunde nichts anderes als ein gebackenes Müsli und kann wie die kalte Variante in seiner Zusammensetzung variieren. Generell wird es jedoch um einiges stärker gesüßt, um die Getreideflocken, Nüsse und Samen knusprig zu ummanteln. Das »Wolseley« serviert eine klassische Mischung auf Haferflockenbasis, der ein wenig Orangenschale und Vanille Geschmack verleihen.

Für 2 Personen

30 g Demerara-Zucker
1 EL Honig
2 TL heller Sirup
20 g Butter
40 g Haferflocken
30 g Kokosraspel
25 g Pekannüsse
15 g Mandelblättchen
10 g Pistazien
10 g gehackte Haselnüsse
10 g Sonnenblumenkerne
abgeriebene Schale von ½ unbehandelten Orange
½ TL Vanilleextrakt
etwas Joghurt und/oder frische Beeren zum Servieren

Backofen auf 150 °C vorheizen.

In einem tiefen mit Backpapier ausgelegten Backblech Zucker, Honig, Sirup und Butter vermischen und etwa 1 Minute im vorgeheizten Backofen erwärmen.

Aus dem Ofen nehmen und die restlichen Zutaten untermischen.

Erneut in den Backofen schieben und in 35 bis 40 Minuten goldbraun rösten, dabei etwa alle 5 Minuten durchrühren.

Mit Joghurt und/oder gewaschenen, trocken getupften Beeren servieren.

PORRIDGE

Für 4 Personen

1 Tasse Haferflocken
3 ½–4 Tassen Wasser oder Milch bzw. Wasser-Milch-Mischung
1 TL Salz und etwas Salz oder Zucker zum Abschmecken
etwas Milch oder Sahne zum Servieren

Nach Belieben die Haferflocken über Nacht in reichlich kaltem Wasser einweichen und in ein Sieb abseihen. Die Flüssigkeit in einem Topf aufkochen lassen und die Haferflocken zugeben oder die Flüssigkeit mit den Haferflocken zusammen in einem Topf bei mittlerer Hitze zum Sieden bringen und unter stetigem Rühren etwa 10 Minuten köcheln lassen. (Falls Sie fertige bzw.»Instant«-Haferflocken verwenden, die auf der Packung angegebene Garzeit beachten.)

Salz zufügen (auch wenn das Porridge süß serviert werden soll) und – je nach gewünschter Konsistenz – weitere 5 bis 10 Minuten köcheln lassen.

In Servierschüsseln portionieren und etwa 2 Minuten ruhen lassen. Nach Belieben mit noch etwas Salz oder Zucker abschmecken und mit Milch oder Sahne servieren.

Varianten
Ein paar frische, getrocknete oder gedünstete Früchte – z. B. Bananen, Beeren, Rosinen oder Sultaninen, Apfelmus oder gehackte Trockenaprikosen – machen das Porridge süßer und nahrhafter – perfekt, um in den Tag zu starten. Sie können auch Fruchtsaft als Kochflüssigkeit verwenden – etwa Orangensaft, wenn Sie Beeren zugeben, oder Apfelsaft, wenn Sie Trockenfrüchte untermischen.

TEE, KAFFEE UND
HEISSE SCHOKOLADE

Außer den 13 Kaffeevarianten, unter denen man im »Wolseley« zum Frühstück wählen kann, gibt es neun Teesorten, vier andere Aufgussgetränke, drei Milch-Shakes sowie fünf Varianten heißer Schokolade. Die beste davon ist auf der Speisekarte rot hervorgehoben, um auf ihre herausragende Qualität hinzuweisen. Diese heiße Schokolade hat Gourmet-Niveau. Die schaumige heiße Milch kommt in einem separaten Kännchen auf den Tisch, eine dicke Ganache mit einem intensiven Schokoladengeschmack wird in einem anderen Kännchen serviert. Der Gast kann sich dann in einem Glas mithilfe eines kleinen Quirls seine heiße Schokolade nach eigenem Geschmack selbst mischen.

Schokolade als Getränk zum Frühstück ist inzwischen ein wenig aus der Mode gekommen. In Spanien trinkt man sie heute noch gern zum Frühstück, dazu isst man *Churros*, ein fingerförmiges Fettgebäck. Im London des 18. Jahrhunderts war Schokolade das Frühstücksgetränk der Müßiggänger. Erst später entwickelte es sich zu einem Gute-Nacht-Getränk für Kinder.

Kein Nahrungsmittel hat eine so weite Reise hinter sich wie die Schokolade. Ursprünglich tranken sie die Azteken in rituellen Zeremonien, angereichert mit Chili und Butter und heiß serviert – ein wenig wie die als *Mole* bezeichneten Saucen mit ungesüßter Schokolade, mit der die Mexikaner noch heute kochen. Die Spanier brachten die Kakaopflanze nach Europa. Ihr Transportweg kreuzte sich mit dem Weg der Schiffe, die Zuckerrohr aus Nordafrika in die Neue Welt transportierten. Diese Pflanze wurde in Arabien kultiviert, und ihr kristallisierter Saft erzielte in Europa hohe Verkaufspreise. Mithilfe von aus Afrika verschleppten Sklaven wurde der Anbau von Zuckerrohr zum treibenden Faktor für die Landwirtschaft in der Karibik. Aus Zucker und Kakao entstand Schokolade – das erfolgreichste verarbeitete Nahrungsmittel der Welt. Kaum ein anderes Produkt hat in derart vielen unterschiedlichen Rezepten Verwendung gefunden.

Zwar hätten die Spanier die Rezeptur gern geheim gehalten, doch bald schon machte es in ganz Europa die Runde, und Schokolade wurde zum ersten Trendnahrungsmittel der Welt. Der größte Kakaoexporteur ist inzwischen nicht mehr Südamerika, sondern Westafrika (Ghana und die Elfenbeinküste), von wo aus man früher die Sklaven in die Neue Welt verschleppte.

D ie nach Wiener Art im »Wolseley« servierte heiße Schokolade kommt so nah wie möglich an die Variante heran, die noch vor 200 Jahren in den *Chocolate Houses* in Picadilly und St. James's getrunken wurde. Sie ist auch mit einem Schuss Rum erhältlich – einem weiteren Getränk, das im Zuge des Zuckerrohranbaus erfunden wurde.

Die im 17. und 18. Jahrhundert beträchtlich schwankenden Zuckerpreise führten zu ebenso spektakulären Millionengewinnen wie Unternehmenspleiten. Mit der Herstellung von Rum versuchte man schließlich die Überproduktion von Zucker zu verwerten. Ursprünglich verkaufte man die Spirituose an Schiffe, die damit das abgestandene Trinkwasser für ihre Besatzungen genießbar machten. Diese Mischung aus Rum und Wasser wurde als Grog bekannt und verlieh den Matrosen der englischen Marine den nötigen Mut, um sich den erbitterten und von Schwarzpulver geschwängerten Seeschlachten zu stellen. Zweimal am Tag wurde ein Viertelpint (ca. 15 Milliliter) Rum auf ein Pint Wasser ausgegeben. 1824 wurde die Tagesration Rum auf ein Viertelpint einmal täglich reduziert. Ab 1881 erhielten die Offiziere (die vermutlich ihre eigenen Rum-Vorräte besaßen) keine Grog-Rationen mehr. 1970 schließlich wurde die Grog-Ration in der Marine gänzlich abgeschafft. Und so kappte man die althergebrachte Verbindung mit den Westindischen Inseln, die noch auf die Zeit des Entdeckers Sir Walter Raleigh und den Dreieckshandel mit Sklaven zurückging.

Seinen Namen erhielt der Grog nach dem aus *Grogram*-Stoff gefertigten Mantel von Admiral Edward Vernon, der den ursprünglich pur ausgeschenkten Rum in der Marine mit Wasser versetzen ließ. Das Wort *Grogram* wiederum ist vom englischen Begriff *Gros Grain* (»grobes Korn«) abgeleitet, ein Stoff aus Seide und Mohair, der mit Gummi verstärkt wird. Inzwischen wird der Stoff von Admirälen kaum mehr getragen, doch in der Damenmode ist er nach wie vor in Gebrauch. Eine ähnlich bewährte Kombination sind Rum und Schokolade, die durch eine lange, bittersüße Geschichte miteinander verbunden sind.

Kaffee: Sorten und Terminologie

~ *Affogato* (wörtlich: »ertrunken«): auf Eiscreme servierter Espresso

~ *Americano:* Espresso, der mit heißem Wasser auf die Stärke von Filterkaffee verdünnt wird

~ *Café Crème:* Espresso mit aufgeschäumter Milch, serviert in einer Kaffeetasse

~ *Cappuccino:* eine Espressotasse Kaffee mit perfekt aufgeschäumter heißer Milch

~ *Con Panna:* Kaffee mit Schlagsahne

~ *Corretto* (wörtlich: »korrigiert«): ein Espresso, dem eine Spirituose – meist Grappa, Cognac oder Sambuca – zugegeben wird

~ *Crema:* die nussbraune schaumige Schicht auf einem gut gemachten Espresso

~ *Doppio* (wörtlich: »doppelt«): zwei Espressi, in einer Tasse serviert

~ *Einspänner:* ein *Lungo* (siehe unten) mit Schlagsahne

~ *Espresso:* ein starker Kaffee, der in kleinen Tassen (etwa 45 Milliliter) serviert wird. Durch hohen Druck wird bei der Zubereitung das köstliche Aroma aus dem Kaffeepulver extrahiert.

~ *Latte* (Milch) kann auf zwei Weisen hergestellt werden: Entweder man gibt heiße Milch und etwas Milchschaum auf einen Espresso oder man füllt die heiße Milch in ein Glas und gießt den Espresso darüber.

~ *Lungo* (wörtlich: »verlängert«): ein Espresso, für den mehr Wasser als üblich (etwa doppelt so viel) durch den gemahlenen Kaffee gepresst wird. Das Resultat ist ein schwächerer Espresso.

~ *Macchiato* (wörtlich: »fleckig«): ein Espresso, der mit 1 Teelöffel Milch und Milchschaum darauf serviert wird

~ *Mocha:* eine üppige heiße Schokolade mit Espresso, heißer Milch und Milchschaum obenauf

~ *Ristretto* (wörtlich: »kurz, stark«): mit weniger Wasser hergestellter Espresso, der dadurch mehr ätherische Öle und mehr Aroma, aber weniger Koffein und Bitterstoffe sowie einen vollmundigen, kräftigen Geschmack aufweist

Die perfekte Tasse Kaffee

~ Kaufen Sie ganze Bohnen und mahlen Sie sie erst bei Bedarf. Die frischesten Bohnen erhalten Sie direkt bei Kaffeeröstereien. Alternativ können Sie vakuumverpackte Kaffeebohnen kaufen (inzwischen führt auch der Online-Handel gute Bohnen).

~ Lagern Sie den Kaffee stets bei Zimmertemperatur, geschützt vor Licht, Hitze und Kälte sowie luftdicht verschlossen.

~ Reinigen Sie alle Gerätschaften nach jedem Gebrauch.

~ Das Wasser sollte nicht kochen, wenn es auf den gemahlenen Kaffee trifft, sondern sich kurz vor dem Siedepunkt befinden.

~ Je länger das Wasser Kontakt mit dem Kaffee hat, desto gröber sollte er gemahlen sein. Für die Verwendung in einer Pressstempelkanne muss der Kaffee grob gemahlen sein, da er bis zu 5 Minuten im Wasser verbleibt, ehe er nach unten gepresst wird. Für Filterkaffee muss er feiner gemahlen sein, weil das Wasser schneller durch den Filter läuft. Espressomaschinen erfordern die feinste Mahlstufe, da der Extraktionsprozess hier nur etwa 25 Sekunden dauert.

~ Schärfen Sie regelmäßig die Klingen Ihrer Kaffeemühle, denn stumpfe Klingen lassen den Kaffee »verbrannt« schmecken.

~ Wärmen Sie die Espressotassen mit etwas sehr heißem Wasser an.

~ Lassen Sie fertig gebrühten Kaffee niemals länger als 20 Minuten auf einer Hitzequelle stehen, sonst wird er bitter. Bewahren Sie ihn stattdessen in einer Thermoskanne oder einem isolierten Kaffeebecher auf.

~ Süßen Sie nur mit weißem Zucker. Brauner Zucker beeinflusst den Geschmack.

Arabica versus Robusta

Arabica und Robusta sind die beiden verbreitetsten Kaffeesorten. Arabica-Bohnen werden in den Bergen angebaut, und ihre Kultivierung ist entsprechend aufwendig. Deshalb sind sie zwangsläufig teurer als Robusta-Bohnen, die vergleichsweise leicht anzubauen und nicht auf eine bestimmte Höhenlage angewiesen sind.

Arabica ist der Kaffee mit dem komplexeren Aroma, während Robusta ein schlichter, starker, geradliniger Kaffee ist. Da preiswerte Kaffeemischungen meist Robusta-Bohnen enthalten, denken viele Kaffeetrinker, ihr bitterer Geschmack sei kaffeetypisch. Premiummischungen enthalten einen hohen Anteil an Arabica-Bohnen, aber auch sie benötigen einen gewissen Anteil an Robusta-Bohnen, damit der Kaffee ausgewogen ist.

TEE: SORTEN UND TERMINOLOGIE

~ **Assam-Tee** stammt von den Schwemmebenen des Brahmaputra im gleichnamigen nordostindischen Bundesstaat und ist vollmundig und körperreich. Er ist vor
allem bei Teetrinkern beliebt, die ihren Tee zum oder nach dem Essen genießen.

~ **Ceylon-Tee** stammt aus Sri Lanka und ist leicht und erfrischend mit einem
leichten Zitronenaroma. Der perfekte Nachmittagstee.

~ **Darjeeling-Tee** stamm von den Ausläufern des Himalaya und wird oft als »der
Champagner unter den Tees« bezeichnet. Er hat einen recht milden Geschmack und
ein dezentes blumiges Aroma. Am besten schmeckt er ohne Milch oder Zitrone.

~ **Earl Grey** ist eine Mischung aus chinesischem Schwarztee, aromatisiert mit
Bergamottenöl. Das Ergebnis ist ein sehr erfrischender, blumiger Tee mit
Zitrusaromen, der sich gut für den Nachmittag eignet. Kenner genießen ihn ohne
Milch oder Zitrone, er schmeckt aber auch mit beidem gut.

~ **Grüner Tee** wird aus Blättern gemacht, die nach dem Pflücken getrocknet
werden. So bleiben die gesundheitsförderlichen Antioxidantien noch besser erhalten.
Der erfrischende Geschmack von Grüntee kommt am besten ohne Zusätze zur
Geltung. In nicht mehr kochendem Wasser 3 bis 4 Minuten ziehen lassen.

~ **Jasmin-Tee** ist eine Mischung aus grünem oder Oolong-Tee mit Jasminblüten. Der
erfrischende, blumige Tee mit Zitrusnoten ist ein perfekter Geschmacksneutralisierer.

~ **Lapsang Souchon** ist eine Tee-Spezialität der chinesischen Provinz Fujian. Er
wird über Pinienholz geräuchert, was dem Tee ein kräftiges Raucharoma verleiht.

~ **Oolong** liegt geschmacklich zwischen grünem und schwarzem Tee.

~ **Schwarzer Tee** wird aus zerkleinerten Blättern hergestellt, die vollständig fermen-
tieren und oxidieren, ehe sie trocknen. Mit Ausnahme von Lapsang Souchong und
Darjeeling sind schwarze Tees stark genug, um sie mit Milch oder Zitrone zu trinken.

~ **The Wolseley's Afternoon Blend** ist eine ausgewogene Mischung aus
chinesischem Schwarztee, den subtilen Honig- und Kastaniennoten des Formosa
Oolong und der Finesse des Darjeeling. Das Ergebnis ist ein vollmundiger,
aromatischer Tee mit einer feinen Eleganz.

~ **The Wolseley's English Breakfast Blend** ist eine Mischung aus schwarzem
Assam- und Ceylon-Tee. Die Stärke des Assam-Tees und die milde Frische des
Ceylon-Tees schaffen in ihrer Kombination ein ausgewogenes Geschmackserlebnis.

Die perfekte Tasse Tee

~ Verwenden Sie stets lose Teeblätter. Sie verleihen dem Tee ein unverfälschtes Aroma und lassen sich besser aufgießen und aufbrühen.

~ Nehmen Sie immer frisches kaltes Wasser, das zum Kochen gebracht wird. Dadurch bleibt der ursprüngliche Sauerstoffgehalt im Wasser erhalten, was für das richtige Brühen wichtig ist. (Ist Ihr Leitungswasser besonders hart, sollten Sie möglichst gefiltertes Wasser verwenden.)

~ Wärmen Sie die Kanne vor, kurz bevor das Wasser kocht.

~ Wasser und Tee müssen im richtigen Mengenverhältnis stehen. Die Faustregel lautet: 1 Teelöffel Teeblätter pro Person plus 1 Teelöffel pro Kanne. Das Wasser sollte dabei bis zum inneren unteren Rand der Kannentülle reichen. Da zerkleinerte Teeblätter – verglichen mit unzerkleinerten Blättern – einen stärkeren Geschmack ergeben, ist bei ihrer Verwendung etwas mehr Wasser zu empfehlen.

~ Bei schwarzem Tee sollte das kochende Wasser direkt über die Blätter gegossen und sofort der Deckel aufgelegt werden, um Hitzeverlust zu vermeiden. (Bei grünem und weißem Tee sollte das Wasser nicht mehr kochen.)

~ Vor dem Servieren sollte der Tee ausreichend lang ziehen. Denn zu schnell serviert schmeckt er wässrig, zieht er zu lange, wird er bitter. Als Faustregel gilt: Grüner Tee sollte 3 bis 4 Minuten ziehen und schwarzer Tee 3 bis 5 Minuten.

~ Milch, Zucker, Zitrone: Einige Teesorten wie etwa starke Schwarztees aus Indien und Sri Lanka profitieren geschmacklich, wenn man Milch hinzugibt. Einige grüne Tees wie Gunpowder vertragen hingegen etwas Honig oder Minze. Andere jedoch, darunter aromatisierte Tees, schmecken pur am besten.

Milch: vorher oder nachher?

Kommt die Milch vor oder nach dem Einschenken in den Tee? Zweifellos unterscheiden sich dabei die geschmacklichen Ergebnisse. Denn die in der Milch enthaltenen Fette reagieren unterschiedlich, je nachdem ob man die Milch auf einmal in eine Tasse heißen Tee gibt oder ob man den heißen Tee langsam zur Milch gießt, sodass die Fette nicht überhitzen. Manche Teeexperten glauben, dass die Zugabe von Milch vor dem Einschenken des Tees einen milchigen, karamellartigen Geschmack ergibt, der das eigentliche Teearoma überdeckt. Das ausschlaggebendste Argument ist, dass die richtige Menge an Milch in Relation zur Stärke des Tees viel leichter einzuschätzen ist, wenn sie erst im Nachhinein zugegeben wird. Deshalb bevorzugt man im »Wolseley« diese Methode.

HEISSE SCHOKOLADE

Für 1 Person

1 Glas à 300 ml
10 ml kalte Milch und 220 ml Milch, erhitzt und aufgeschäumt
10 g Sahne
30 g Schokolade (nicht allzu bitter)
nach Belieben 2 Schokosticks zum Servieren

Die kalte Milch zusammen mit der Sahne in einem kleinen Topf aufkochen lassen.

Die Schokolade in einen separaten Topf oder eine hitzebeständige Schüssel geben. Die Milch-Sahne-Mischung darübergießen und alles gut verrühren.

Die heiße, im Kaffeeautomaten oder mit dem Schneebesen aufgeschäumte Milch zugeben und vorsichtig umrühren.

Nach Belieben mit Schokosticks servieren.

ITALIENISCHE ODER SPANISCHE TRINKSCHOKOLADE

Diese kleine Tasse voller intensivem Schokoladengeschmack ist der perfekte morgendliche Kick für all jene, die keinen Kaffee vertragen – oder Schokolade einfach lieber mögen. Am besten servieren Sie die Trinkschokolade in einer Espressotasse, denn sie ist so etwas wie dessen »schokoladiges Äquivalent« und reicht vollkommen aus, um munter in den Morgen zu starten. Das dafür verwendete gesüßte starke Trinkschokoladenpulver – zumeist von italienischen oder spanischen Herstellern – ist in guten Kaffee- und Schokoladengeschäften erhältlich.

Für 1 Person

1 gehäufter TL starkes dunkles Trinkschokoladenpulver
2 TL Crème double
4 TL heißes Wasser

Alle Zutaten in einer kleinen hitzebeständigen Schüssel über siedendem Wasser unter stetigem Rühren erwärmen, bis die Mischung eine dickflüssige Konsistenz, ähnlich wie Vanillesauce, hat.

Die Mischung in eine vorgewärmte Espressotasse füllen und mithilfe eines Teelöffels genießen.

Wenn es auf 7 Uhr zugeht und die Öffnung des Restaurants kurz bevorsteht, überprüft das Personal ein letztes Mal die einzelnen Stationen: Müsli und Zucker, die Honigspender, die kleinen Töpfchen mit Himbeerkonfitüre, der Schokoaufstrich, Lemon Curd und Marmelade stehen bereit. Dazu kommen die Joghurtschüsseln, der frische Obstsalat und das Backpflaumenkompott. Die silbernen Tee- und Kaffeekannen, die Siebe in den Untertassen, die Speisekarten und Tischtücher – alles ist an seinem Platz.

Es ist 7 Uhr. Die Türen werden geöffnet, und schon 30 Sekunden später kommt der erste Gast herein: Ein Herr im Nadelstreifenanzug mit Aktentasche betritt das Restaurant. Den Kellner, der ihn als einen Stammgast kennt und zu seinem Tisch führt, beachtet er kaum. Er schlägt die *Financial Times* auf und bestellt Tee und Cerealien. Der Tag hat begonnen.

Die ersten Gäste sind dezent gekleidete Geschäftsleute, die hier konzentriert kurze Meetings abhalten. Sie halten sich nicht lange auf. Geschäft ist Geschäft, und sie müssen rasch weiter. Gegen 8.30 Uhr werden die Anzüge etwas modischer, der Geräuschpegel steigt, und zugleich wird die Atmosphäre weniger streng und dafür »konspirativer«. An zahlreichen Tischen kommen Gäste zusammen, die sich aus verschiedenen Gründen nicht in ihren Büros treffen können: Es werden unverbindliche Vorstellungsgespräche geführt, man tratscht über Kollegen, und Konkurrenten horchen sich gegenseitig aus. Und dann sind da noch die Tische mit heimlichen Liebespaaren, die am Vorabend gemeinsam das Büro verlassen haben und – in der gleichen Kleidung wie gestern – zusammen zum Frühstücken ins Restaurant kommen. Sie tuscheln und blicken sich tief in die Augen, bevor sie ins Büro gehen und so tun, als seien sie mit unterschiedlichen Bussen gekommen. Agenten werben um Autoren, Medienleute planen Fernsehsendungen und Journalisten lauschen vertraulichen Mitteilungen.

Um 10 Uhr sind die meisten Büroangestellten gegangen und die Meetings werden PR-lastiger. Inzwischen halten sich mehr Frauen als Männer im Restaurant auf. Darunter auch einige Damen von außerhalb, die in der Stadt einkaufen und Galerien besuchen wollen, Mütter mit ihren Töchtern, die später nach Brautkleidern schauen wollen, Touristen mit Listen voller kultureller Aktivitäten und Paare, die nach den besten Einkaufsadressen Ausschau halten. Nun frühstückt man ausgedehnter und das Frühstück wird zu einem besonderen Erlebnis. Entsprechend häufiger bestellen die Gäste nun Kuchen und Sekt mit Orangensaft.

Um 12 Uhr ist der Frühstücksservice beendet. Das dekorativ präsentierte Feingebäck wird abgeräumt und hinunter in den Speiseraum des Personals gebracht. Die Kellner decken die Tische für den Mittagsservice ein.

Unterdessen wird der Frühstücksservice natürlich nicht plötzlich eingestellt, sondern ebbt ab wie die Gezeiten.

Die Originalausgabe erschien 2008 unter dem Titel
Breakfast at the Wolseley bei
Quadrille Publishing Limited

Quadrille Publishing Limited
Pentagon House, 52–54 Southwark Street
London SE1 1UN
www.quadrille.co.uk

Aus dem Englischen von Linde Wiesner

1. Auflage 2018

Redaktion und Satz: twinbooks, München

Printed in China

www.gerstenberg-verlag.de
ISBN 978-3-8369-2151-0